国网蒙东电力
管理创新体系化运作
实施指南

国网内蒙古东部电力有限公司　编

图书在版编目（CIP）数据

国网蒙东电力管理创新体系化运作实施指南 / 国网内蒙古东部电力有限公司编 . -- 北京 : 企业管理出版社，2021.12

ISBN 978-7-5164-2515-2

Ⅰ . ①国… Ⅱ . ①国… Ⅲ . ①电力工业—工业企业管理—研究—内蒙古—指南 Ⅳ . ① F426.61-62

中国版本图书馆 CIP 数据核字 (2021) 第 224870 号

书　　名：国网蒙东电力管理创新体系化运作实施指南
书　　号：ISBN 978-7-5164-2515-2
作　　者：国网内蒙古东部电力有限公司
选题策划：周灵均　上官艳秋
责任编辑：张　羿　周灵均
出版发行：企业管理出版社
经　　销：新华书店
地　　址：北京市海淀区紫竹院南路17号　　邮　　编：100048
网　　址：http://www.emph.cn　　电子信箱：26814134@qq.com
电　　话：编辑部（010）68456991　　发行部（010）68701816
印　　刷：北京华联印刷有限公司
版　　次：2021年12月第1版
印　　次：2021年12月第1次印刷
开　　本：710mm × 1000mm　1/16
印　　张：11.5
字　　数：135千字
定　　价：65.00元

编审委员会

前言

创新是推动企业发展的关键。从党的十八届五中全会把创新摆在新发展理念的首位，到党的十九大提出创新是引领发展的第一动力，再到党的十九届五中全会强调创新在我国现代化建设全局中的核心地位，创新驱动发展的重要性愈发凸显。在这种大背景下，电网企业的新技术、新产业、新业态、新模式不断涌现并快速发展，给传统的经营理念、生产方式、组织形式等提出了新要求。

面对新形势、新任务，国网内蒙古东部电力有限公司学习贯彻习近平新时代中国特色社会主义思想和十九大精神，紧紧围绕国家电网有限公司“建设具有中国特色国际领先的能源互联网企业”的战略目标及“一体四翼”的发展布局，把改革创新作为企业发展的动力源，立足内蒙区情、电网特情、企业实情，积极实施管理创新，不断创新管理理念、管理模式、管理方法，组织开展“管理提升三年行动”，建立“三性三化”创新工作机制（坚持战略性、经营性、创新性总体方向，注重体系化推进、项目化组织、成果化评价），激发全员创新创效热情，破解制约企业发展难题，用创新引领高质量发展，取得了显著成绩。

为全面提升管理创新工作水平，国网内蒙古东部电力有限公司组织编写了这本实施指南。全书包括理论篇、机制篇、实务篇和案例篇四大篇章。理论篇重点阐述了管理创新的发展历程、核心内涵、工具方法、工作要求等内容。机制篇重点介绍了管理创新工作的运行机制和流程，包括总体思路、组织体系、管控体系、评价体系、激励体系、保障体系等内容。实务篇重点介绍了管理创新示范成果报告、推广成果报告、管理创新论文的撰写要求等内容。案例篇优选评析了国家电网公司部分优秀获奖成果。本书内容可以帮助读者系统了解管理创新工作的总体要求和注意事项，从而为电力系统众多公司实施管理创新提供参考借鉴，为其提升企业管理创新能力、推动企业高质量发展提供指引和依据。

编者

2021年10月

目录

理论篇

机制篇

实务篇

案例篇

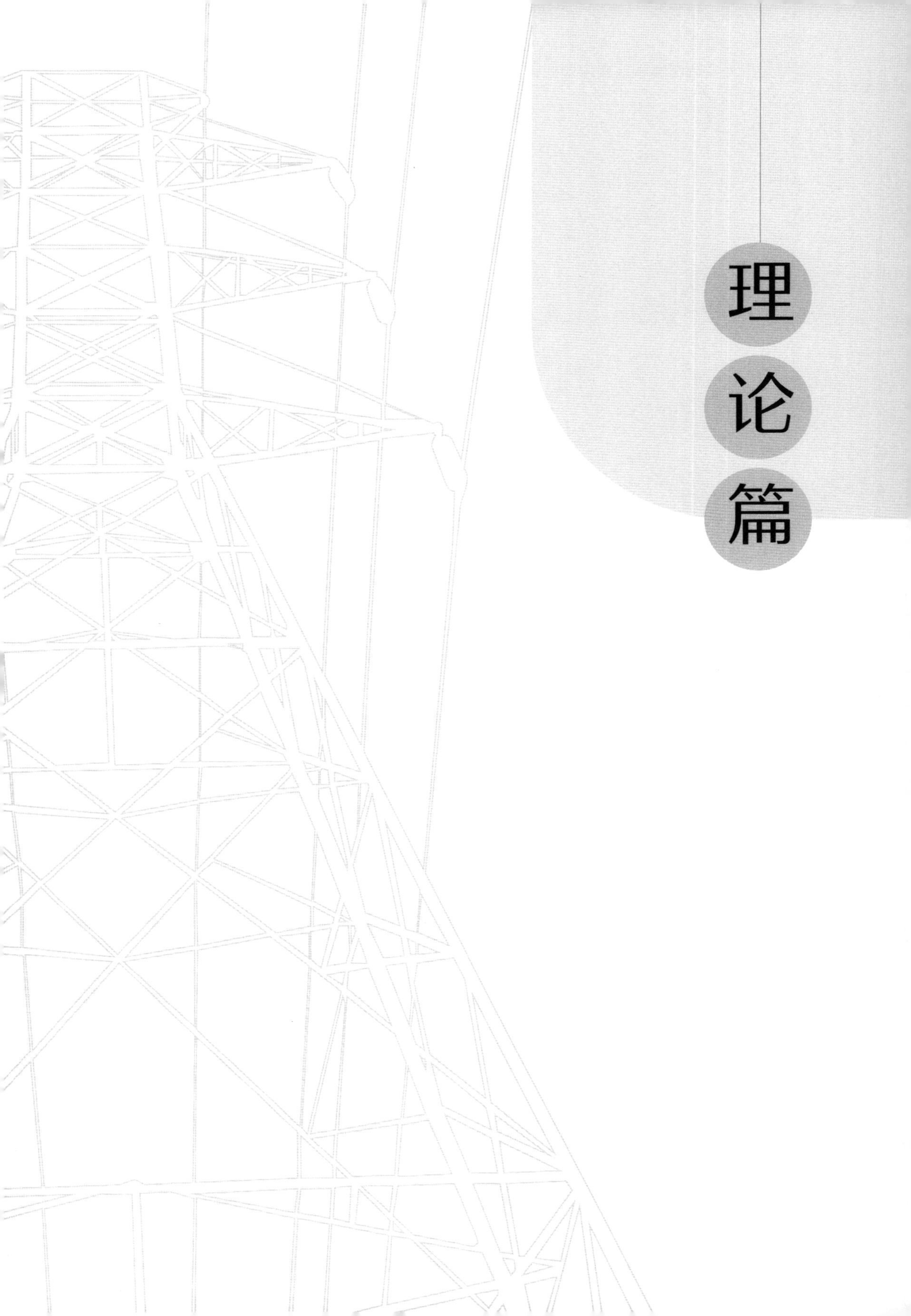

理论篇

第一章

管理创新的发展历程

第一节　世界创新理论发展

美籍奥地利政治经济学家约瑟夫·熊彼特被誉为“创新理论”的鼻祖。1912年，他的成名作《经济发展理论》问世。该书创立了新的经济发展理论，提出了“创新”的概念及其在经济发展中的作用，即经济发展是创新的结果。熊彼特首次提出了“创新”就是把生产要素和生产条件的新组合引入生产体系中，建立新的生产函数，以获取企业潜在利润。熊彼特的“创新”严格区别于技术发明，而是把现成的技术革新引入经济组织，形成新的经济能力。

熊彼特去世后，西方经济学家进一步发展和完善了他的创新理论，形成了当代西方的创新经济学。它主要包括两个方面的内容：一是以技术变革和推广为对象的技术创新经济学，二是以制度变革和建设为对象的制度创新经济学。

以技术变革和推广为对象的技术创新经济学，从技术创新与企业规模、技术创新与市场结构等方面，在熊彼特创新理论的基础上进一步研究和发展出了新技术创新理论；以制度变革和建设为对象的制度创新经济学，研究了制度变革的原因和过程，提出了制度创新模型，补充和发展了熊彼特的制度创新学说。

20世纪60年代，美国经济学家罗斯托提出了经济发展“起飞”的六阶段理论：一是传统社会阶段。没有科学技术，农业是经济主体。

二是准备起飞阶段。转变中，但有限、传统。三是起飞阶段。新工业扩张迅速。四是成熟阶段。技术改进，工业扩张，对外贸易上升。五是大众消费阶段。人均收入大于基本需要。六是追求生活质量阶段。关注福利安全，大众服务。由此可见，“技术创新”在创新活动中的地位日益重要。随着技术创新的迅猛发展，其表现出了越来越强的知识依赖性。创新逐渐成为高知识积累群体才能完成的工作，由此形成了创新与应用间的壁垒。

20世纪80年代后期，英国经济学家克里斯托夫·弗里曼在其著作《技术政策与经济绩效：日本国家创新系统的经验》一书中首次提出了“国家创新系统”的概念。弗里曼从日本制度变迁的角度揭示了日本在20世纪迅速崛起的原因，强调一个国家在促进技术创新中的关键作用，要实现经济增长和平稳跨越，就必须把技术创新与国家职能相结合形成国家创新体系。弗里曼将创新定义为一种以国家为主导的行为，并被经济合作与发展组织所认可。

经过近20年的大量实证性研究，创新系统方法、知识流理论和动态非线性交互型创新模式逐渐被国际社会接受并成为共识。世界各国对创新的概念进行了重新认识和再定义，强调了创新的价值实现，极大地扩展了“创新”概念的范畴，从单纯技术创新扩展到全社会领域的非技术性创新。

创新的价值实现成为创新概念的核心要义和创新的终极目标。

进入21世纪，信息技术推动下知识社会的形成及其对创新的影响进一步被认识，科学界开始反思创新的价值。创新被认为是各创新主体、创新要素交互作用下的一种复杂现象，是创新生态下技术进步与应用创新的双螺旋结构共同演进的产物，关注价值实现、关注用户参与以人为本的创新2.0模式成为21世纪对创新重新认识的探索和实践。

2009年，美国国际战略和创新咨询公司创建人彼得·斯卡辛斯基与著名管理大师罗恩·吉布森出版了《从核心创新》一书。该书以确凿的案例论证了创新的必要性、创新的先决条件、创新的模式和架构、创新必然带来的回报、创新必须规避的风险、创新实现可持续化的条件及如何测度创新绩效等系统创新能力的建立和管理。

创新管理就是不仅激发新观念、新构想的产生，而且努力为这些新观念、新构想的付诸实施开辟道路。因此，管理者应通过各种管理方法来刺激创新者，保持他们的创新动力。给予一定的职权和自由度是刺激创新者产生创意和开展革新的途径，而给予适当的奖励报酬和容忍失败也是十分必要的。

被誉为“现代管理学之父”的彼得·德鲁克曾被当时世界最大的企业——通用汽车公司聘为顾问。作为第一个提出“管理学”概念的人，他“将管理学开创成为一门学科，提出组织的目的是创造和满足顾客，企业的基本功能是行销与创新，高层管理者在企业策略中的角色比效率更重要”。英特尔公司创始人之一安迪·格鲁夫、微软董事长比尔·盖茨、通用汽车公司前CEO杰克·韦尔奇，他们在管理思想和管理实践上都受到了德鲁克的启发和影响。

管理创新是指组织形成创造性思想并将其转换为有用的产品、服务或作业方法的过程。换言之，管理创新就是通过计划、组织、指挥、协调、控制、反馈等手段，对系统所拥有的生物、非生物、资本、信息、能量等资源要素再优化配置，以实现人们新诉求为目标的活动。随着世界经济的快速发展，企业在市场中的竞争越来越激烈，面临的挑战也越来越多，要在全球化的竞争中取得主动，必须注重学习研究国内外管理的新思维和新趋势，不断提高现代化管理水平。管理创新作为企业发展的动力，将有效促进企业的快速壮大，助力企业实现收益的最大化。

第二节　中国企业管理创新发展

企业管理创新是指企业把新的管理理念引入管理系统，并使变革成为可能的创新活动。它主要是对企业的各种生产要素在质和量上做出调整，从而创造出一种新的更有效的资源整合模式，进而促进管理系统综合效益的提高。

我国从1990年开始组织全国企业管理创新成果的申报和评审工作。正是在这个时期，中国企业经历着由传统计划经济到市场经济的转型，企业管理创新的理念、内容、方式和范围也随之发生了根本性变化。党的十二届三中全会做出了经济体制改革的决定，企业经营管理由生产型向生产经营型转变，“产权清晰、权责明确、政企分开、管理科学”的现代企业制度逐步建立。同时，大量西方先进的管理思想、管理方法和管理案例进入中国，各类工商管理培训层出不穷，中国企业开始按照国际规则调整内部管理机构和管理制度，加快建立与国际接轨的经营管理模式，探索建立符合中国国情和本企业特点的管理模式，创新理论和创新实践层出不穷。

1990年由原国务院企业管理指导委员会、生产委员会批准设立全国企业管理现代化创新成果审定工作。在此基础上，1992年由原国务院经济贸易办公室批准设立全国企业管理现代化创新成果审定委员会并主办此项目，规定该成果属于国家级成果。

1990—1998年，全国企业管理现代化创新成果审定委员会共进行了五届成果审定工作，发布成果184项。此后，每年全国企业管理现代化创新成果审定委员会均组织开展全国性企业管理现代化创新成果的申报，目前已成功举办了二十八届，审定全国企业管理现代化创新成果近4000项，形成了国家级、地区和行业级、企业级的成果审定推广体系，对推动全国各类企业不断深化改革、加强管理、促进创新发展起到了重要作用。

2003年3月29日，中国企业联合会、中国企业家协会、全国企业管理现代化创新成果审定委员会首次以企业管理创新为主题，召开了全国企业管理创新大会，会议隆重表彰了海尔集团等6个获得“企业管理创新特别成就奖”的集团和新兴铸管股份有限公司等83个获得“第九届国家级企业管理现代化创新成果”荣誉的公司，以及北京市经济委员会等24个“国家级企业管理现代化创新成果优秀组织单位”。从此，全国企业管理创新大会每年举行一届，成为具有较大影响的全国性企业管理经验交流会议，为总结和推广新时期中国企业管理创新经验、探讨企业改革和管理面临的突出问题、传播国内外先进管理理论和方法等发挥了重要作用。

2006年2月，国家发展和改革委员会（以下简称国家发展改革委）发出了《关于组织中小企业参加全国企业管理现代化创新成果推荐申报工作的通知》。2016年，中华人民共和国工业和信息化部（以下简称工业和信息化部）等11部委联合下发了《关于引导企业创新管理提质增效的指导意见》。2017年，中国企业联合会印发了《国家管理现代化管理创新成果申报审定与发布办法》，使企业管理创新工作步入快速发展阶段。

目前，在全国已基本形成多层次和具有广泛性、权威性的企业管理创新成果申报、推荐、审定和宣传推广体系，各省级国有资产监督管理委员会、工业和信息化主管部门、中小企业主管部门、企业联合会和全国性企业团体、中央企业等，构建起了一个官、产、学相互合作推进企业管理创新的平台。国家管理创新实践主要涉及创新驱动与转型升级、生态文明建设与绿色发展、商业模式创新与价值链整合、互联网技术与工业化融合、信息化企业建设、数字化制造与精益管理、区块链与新兴经济、网络营销与现代服务管理、人才队伍建设与劳动关系管理、财务管理与风险管控、公司治理与集团管控、企业文化建设与社会责任管理、中小企业融资平台建设与创业管理等领域，随着企业的发展，企业管理创新水平也不断提升。全国企业管理创新呈现出新的特点，具体表现为以下几个方面。

一是积极落实国家创新驱动战略。全面贯彻创新发展理念，以打造创新型企业为目标，以深化管理体制机制变革为动力，加快实施创新驱动发展战略，努力建设创新引领、治理科学的国际一流企业。

二是培育形成企业持续创新能力。以创新驱动可持续发展为导向，以各类要素协同创新为手段，创新管理模式，拓展延伸创新范围，搭建创新平台，促进创新主体能力提升，实现卓越管理。

三是企业形成有效创新管理体系。注重创新管理的顶层设计，衔接公司战略，融合公司管理体系和日常运营战略，制定管理创新方向与目标，不断优化工作流程、固化标准制度、创新工作机制、落实保障措施，实现创新规范化管理，构建企业级创新管理体系。

四是铸就企业卓越创新管理品牌。管理创新工作立足全局、着眼改革、服务发展、突出重点、有所作为，围绕创建具有卓越竞争力的国际一流现代能源企业发展目标，创建战略领先、组织科学、精益高效、开放创新的卓越管理品牌。

中国企业管理创新工作经过多年发展，已形成协会主导的多层次和广泛性的企业管理创新管理体系，大批优秀成果在企业中得到了推广应用，有效地促进了企业的转型提质提效和全面发展。

第三节　电力行业管理创新发展

中国有着130年的电力发展史。作为国民经济的先行行业和基础产业，电力工业受到党和国家的高度重视。21世纪以来，电力工业取得了举世瞩目的成就，成功实现了从电力大国向电力强国的巨大转变，实现了从技术追赶到创新引领的历史跨越，实现了电力企业从传统企业向现代企业的转型。经过30多年的改革开放和国内外市场竞争的洗礼，以及金融风暴的磨炼，电力企业的管理工作已实现从计划经济向市场经济、从卖方市场向买方市场、从国内竞争到实施“走出去”战略、从国外管理方法的学习模仿到消化吸收、融会贯通、自我创新的重大转变。

为推动电力企业管理创新工作，交流和推广管理创新成果，从1993年开始，电力行业组织开展企业现代化管理创新成果评审工作，总结提高和推广应用电力企业管理创新成果，倡导企业自主创新。电力企业管理创新工作开展20多年来，得到了各电力企业的高度重视和积极参与，管理创新工作直接促进了电力企业改革和发展水平的提升。

国家电网有限公司（以下简称国家电网公司）以解决基础性、关键性、深层次问题为重点，开展富有成效的管理创新实践活动，特别是在核心业务、资源体系、科研体系、直属产业、基础管理、信息系统、社会责任、民主管理、企业文化、品牌建设十大重点领域确定重大、重点项目，加强重点培育，形成了一大批创新性突出、实践性丰富、效益性显著的管理创新成果，有力促进了管理变革和效益提升。按照统一领导、统一组织、统一部署、统一标准、统一考核的“五统一”原则，加强管理创新工作的领导。注重创新能力建设，提升管理创新组织、策略、实施、提炼和应用五种能力。坚持持续改进、健全完善、战略主导、推动实践、评价激励、推广应用等创新管理常态工作机制，为管理创新工作的规范有效开展提供了支撑和保障。

紧扣电力企业的发展战略。管理创新围绕企业发展战略，解决发展过程中的重点、难点问题。瞄准推动“双碳”战略目标，管理创新不断完善现代公司治理结构，科学调整电网结构，优化电网布局，促进公司全面、协同、可持续发展。

融入电力改革的管理实践。充分发挥管理创新价值创造作用，将创新意识、创新思维、创新方法吸收、整合至企业发展中。把管理创新与中心工作紧密结合，营造创新氛围，搭建创新内化平台，建立创新机制。

深入应用能源现代管理手段。能源互联网是以电为中心，以坚强智能电网为基础平台，将先进信息通信技术、控制技术与先进能源技术深度融合应用。建立能源互联网信息支撑体系和技术手段，开展企业各类业务管理活动和价值创造行为，推动传统业务赋能、新业态的催生，实现价值的共创和共享。

实现创新的理论方法支撑。围绕企业创新战略发展要求，在转变管理理念、完善管理制度、改进管理方式、优化管理流程、提升卓越绩效管理等方面开展前瞻研究，丰富管理创新理论体系，实现企业管理创新精益高效。

第二章

管理创新的基本概念

第一节　管理创新的内涵

企业管理是对企业的生产经营活动进行组织、计划、指挥、监督和调节等一系列职能的总称。在企业管理中，企业总经理及高级管理团队必须具备相当水平的组织领导与管理能力。生产管理、营销管理、人资管理、财务管理等是企业管理的主要内容。创新是指以现有的思维模式提出有别于常规或常人思路的见解为导向，利用现有的知识和物质，在特定的环境中，本着理想化需要或为满足社会需求而改进或创造新的事物、方法、元素、路径、环境，并能获得一定有益效果的行为。

企业管理创新是根据企业内外部环境的变化，应用先进管理理论，把新的管理要素（管理理念、管理理论、管理方法、管理手段、管理制度、管理流程、管理模式等）引入企业管理系统，在企业中建立适应社会主义市场经济的经验观念、组织结构、决策机制和激励约束机制等一系列新型管理制度，对企业的各种生产要素在质和量上做出调整，从而创造出一种新的更为有效的资源整合模式，进而更有效地实现企业发展战略目标的活动。企业管理创新最重要的是在组织高级管理层面有完善的计划与实施步骤，以及对可能出现的障碍与阻力有清醒的认识。

管理创新作为企业全局性、基础性、根本性的工作，通过主动适应企业发展新常态、新格局、新趋势，使企业的新方向更加精准、体制机制更加完善、资源配置更加合理、要素管理更加有效、环境氛围更加浓郁，企业创新能力得以更好地发挥，推动管理水平综合提升。

第二节 管理创新的意义

1.管理创新促进企业适应社会主义市场经济

我国在国民经济市场化过程中，国有企业被推进市场，转变为自主经营、自负盈亏的市场主体，逐步形成了与市场经济相适应的现代企业制度。但是在现代企业管理中，或多或少地受到传统管理观念的影响，并没有完全发挥出企业的生产管理水平。电力企业现在正处于高质量发展阶段，面对能源技术发展和能源新业态竞争的挑战，国家电网公司必须摆脱传统管理思想的束缚，转变电网发展方式，向数字化服务业方向转型，要不断研究管理的新情况、新问题，更新管理观念，变革管理模式，调整组织结构，整合资源配置，优化工作流程，完善标准制度，落实“四个革命、一个合作”的能源安全新战略，探索“具有中国特色国际领先的能源互联网企业”的管理创新实践与新模式，将战略深化研究成果转化为企业改革发展的动力，提升企业效率与效益水平。

2.管理创新促进企业适应经济全球一体化

21世纪，世界各国的经济交流不断加强，联系越来越密切，经济全球化格局已初步形成。近年来，随着国外投资者对华投资规模的扩大及国内企业的国际化投资，我国企业面临着国内竞争国际化、国际竞争国内化的复杂局面。截至目前，国家电网公司在境外投资运营的电力资产遍及亚洲、美洲、欧洲和大洋洲，累计完成境外投资209.35

亿美元。如果不能创新管理理念、管理制度与管理方法，就不能与国际先进的企业管理方法相适应，就不能实现真正意义上企业的管理创新。只有对传统的管理制度、管理方法进行创新，才能适应瞬息万变的国内国际市场环境。

3.管理创新促进企业承担社会责任

社会责任是社会各界对企业的根本期望和要求，社会责任也是企业工作的出发点和落脚点。管理创新促使企业在管理上注重盈利的同时，更多地关注民生，承担一定的社会责任。本着履行社会责任，推进可持续发展，追求经济、社会、环境综合价值最大化以及建设一个负责任的、可靠可信赖的国家电网公司的意愿，自2015年起，国家电网公司开始逐年向社会公开发布《社会责任报告》。企业作为社会单元，并不是单纯追求经济利益的，而是要承担相应的社会责任，比如在灾害救助、突发社会事件中的积极配合等，要在创新实践中重新审视企业管理的科学性、合理性，对企业所处行业、地区经济环境、政治环境等有一个明晰明确的认识，探索企业管理的经验和方法，更好地指导企业管理创新，增强企业的主动性和预见性，从而主动调整企业发展战略，统筹把握企业的发展方向，努力实现对社会可持续发展的贡献最大化。

4.管理创新促进企业自身的可持续发展

追求利益最大化并取得发展是企业的共同目标。因此，在一定程度上可以说管理创新是企业发展的内在需求，这种需求体现在企业管理的方方面面。随着国家电网公司国际化业务的开展和参与“一带一路”建设，努力开拓国际市场，不断创新运营管理、提升国际资源的配置能力等将成为企业创新的新内容。只有通过管理创新，企业的管理水平才能不断提高；只有通过管理创新，企业核心竞争力才能不断增强；只有通过管理创新，企业的经济效益才能得到保证；只有通过管理创新，企业才能得到可持续发展，并在激烈的市场竞争中占据有利地位。

第三节　管理创新的分类

一、按创新内容分类

1. 观念创新

观念是思路的源头、管理的明灯、创新的灵魂。如果没有观念的创新，就奢谈其他方面的创新。管理观念是企业从事经营活动的指导思想，体现为企业的思维方式。企业要想在复杂多变的市场竞争中生存和发展，必须首先在管理观念上不断创新。企业的管理者必须打破现有的心智模式，自我开发系统思维、逆向思维、开放思维、发散思维，勇于追求新事物，乐于解决新问题，不仅让创新为管理增值，更要使创新成为管理中的一种乐趣。

2. 机制创新

机制创新是指企业为优化各组成部分之间、各生产经营要素之间的组合，提高效率，增强企业的整体竞争力，而在各种运营机制方面进行的创新活动。企业机制包括利益机制、激励机制、竞争机制、经营机制、发展机制、约束机制等。机制创新是管理创新的基础和支撑，一般配合企业新体制的变化、新业务的改革而进行。管理的本质在于发现价值、创造价值、挖掘价值、提升价值，机制创新更是如此。只有把价值追求作为创新的核心，才能真正实现有效创新。

3. 组织创新

任何组织结构，经过合理的设计并实施后，都不是一成不变的，必须随着外部环境和内部条件的变化而不断进行调整和变革。引起组织结构变革的因素通常有外部环境的改变、组织自身成长的需要，以及组织内部生产、技术、管理条件的变化，等等。实行组织变革，就是根据变化了的条件，对整个组织结构进行创新性设计与调整。组织创新意味着打破原有的组织结构，重新构置组织内成员的责权利关系，完善和发展组织功能，促进资源的重新合理配置。把人的成长和发展希望与组织目标结合起来，通过调整和变革组织结构及管理方式，使其适应外部环境及组织内部条件的变化，提高组织效率和个人工作绩效，促使个人和组织的目标达到最佳配合。

4. 方法创新

方法创新又称工具创新或手段创新，是指企业对生产经营过程中的人力、物力、财力等要素本身或其运作、组合方式的改进和更新。常用的方法创新包括企业资源计划管理（ERP）、组织流程再造（BPR）、关键绩效指标管理（KPI）、平衡计分法（BSC）、七何分析法（5W2H）、7S 现场管理法、六西格玛（6σ）、全面质量管理（TQM）、精益生产管理（LP）等。

5. 平台创新

管理创新的落实需要借助不同的平台和载体。平台创新主要有以下几种：①标准化平台创新，打造高效、科学、系统的标准化体系；②信息化平台创新，通过大智物云移的应用，实现管理的智能化、实时化、精准化、高效化；③科技平台创新，管理创新是科技创新转化为生产力的重要方式；④人才成长平台创新，完善的人才成长平台，是激励人才成长的孵化器。

二、按创新形式分类

1. 原创型创新

原创型创新是指属于国内外首创的先进管理方式、方法或技术。它包括管理内容、管理方式、管理方法、管理技术、管理制度、管理流程等诸多方面，或填补管理空白的创新。

2. 借鉴型创新

借鉴型创新是指借鉴国内外先进的管理方式、方法或技术，在本企业应用并获得成功。在学习其他企业管理实践经验的基础上，研究实施本企业的相应管理项目，并进行管理实践，达到提升企业管理水平的目的。

3. 改进型创新

改进型创新是指应用系统内外已有的先进成果或公司内外现有的管理项目，在公司实践中新的改进和创新。在原管理思路和方法的基础上，根据实际情况研究完善管理理论、方法等，提高管理效率，达成企业管理目标。

4. 应用型创新

应用型创新是指将国际通用的或在一定范围内经实践证明成熟的企业管理新理论、新方法或新技术等，运用到本企业的管理实践中，并取得一定的效果。

第四节　管理创新的条件

1. 创新主体

企业管理创新中创新主体既可以是企业家，也可以是企业管理人员和知识员工。在企业管理创新中，只要是本身有创新意识和创新能力的，并能在管理创新中付诸实施、积极参与的，都可称为创新主体。管理创新主体即创新管理者不仅要具备远见卓识、丰富的实践经验、深厚的文化素养，更要具备强烈的创新意识、很强的创新能力。

2. 创新企业

企业管理是社会大生产发展的客观要求和必然产物。创新的企业应具备一定的管理基础，只有企业积累了一定的管理经验，才能发现管理中的问题，思考管理中的不足，进而萌生改变的愿望，从而实施创新。

3. 创新动力

在企业发展中，人是最重要的生产力要素。这一生产力的特殊性决定了企业管理创新活动必须在给予人一定创新动力的条件下进行。为此，许多企业都会利用产权激励、价值观培养和竞争压力刺激等手段激活内部创新动力。其中，产权激励是企业最常用的激发创新动力的经济手段；价值观培养可以满足创新人员更高层次的需求；竞争压力刺激可以带来危机感，促使员工主动参与创新。

4. 创新目标

企业实施管理创新，主要目的就是提出一种新的经营思路并有效实施，或设计一种新的组织机构并有效运作，或提出一种新的管理方式、方法以提高生产效率、协调人际关系、更好地激励员工，或创新一项制度与管控模式，等等，从而使企业高效高质地达成战略发展目标。

第三章

管理创新的工具

管理创新工具是解决创新问题的钥匙，掌握并应用创新工具方法对于创新主体认识创新对象、制定创新目标、确定创新步骤、完成创新任务、提高创新效率具有重要意义，如图 3-1 所示。

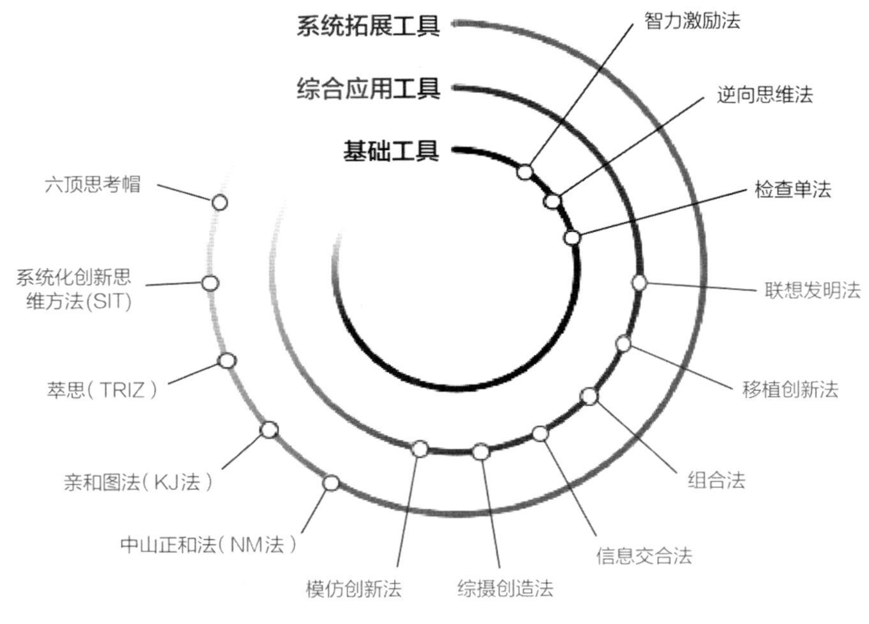

图 3-1　管理创新工具

第一节　基础工具

1. 智力激励法

智力激励法是由管理创新项目组通过召开专题讨论会等形式，对企业某一管理创新问题，发散思维、集思广益、出谋献策、群策群力完善管理创新内涵，提炼项目创新点，切实提升项目实施水平的管理创新方法。

2. 逆向思维法

逆向思维法是指实施某一创新正向思维难以突破时，需要管理者突破常规思路从反向思考问题，从而寻求解决的新途径和新方法。这种方法往往使问题获得创造性的解决。

3. 检查单法

检查单法是在实际解决问题的过程中，根据需要创造的对象或需要解决的问题，先列出有关问题，然后逐项加以讨论、研究，从中获得解决问题的方法和创造发明的设想。这种方法启示人们，考虑问题要从多种角度出发，不要受某一固定角度的局限；要从问题的多个方面去考虑，不要把视线固着在个别问题或个别方面。

第二节　综合应用工具

1. 联想发明法

联想发明法是运用联想的心理机制导致技术或管理发明的一种方法。联想作为一种心理活动现象，是使不同事物在概念上相接近，并从中引出正确结论的思维能力。联想按类型可以分为四种，即相似联想、接近联想、对比联想和因果联想。在管理实践中，对企业管理对象任意组合，由某个项目自由联想或定向联想至另一个项目并从中获得创意或独特方案，可以应用在设备管理、客户管理、供应商管理等方面。

2. 移植创新法

移植创新法是将某一领域中的原理、方法、结构、材料、用途等移植到另一事物中，从而创造出新产品、新管理的方法，也是一种极为方便快捷的创新方法。在科技创新中，移植创新尤为突出。一位发明家说过："移植发明是科学研究最有效、最简单的方法，也是应用研究最多的方法之一，重要的科学研究成果，有时也来自移植。"

3. 组合法

组合法是指按照一定的管理原理或管理目的，将企业现有管理要素做适当整合而产生新流程、新方法、新方案、新服务的管理创新技法。比如，对企业现有资源、对象、流程、工作节点等重新优化组合，提炼出新流程、新方法、新方案，实现企业管理的精细化、精准化和精益化，进一步提高工作效率和管理成效。

4. 信息交合法

信息交合法是一种在信息交合中进行创新的思维技巧，即把事物的总体信息分解成若干要素，然后把这些要素与人类实践活动的用途要素用坐标法连成X轴和Y轴，两轴相交并垂直延伸，构成"信息反应场"，每个轴信息可依次与另一个轴上的信息交合，从而产生新的信息。不同信息的交合产生新信息，不同联系的交合产生新联系。把孤立的、零散的信息通过相似、接近、因果、对比等思维，进行多渠道、多层次推测、想象和结合，形成新的内涵、项目或方法，从而达成创新方法、创新手段和创新管理的目标。

5. 综摄创造法

综摄法又称类比思考法、提喻法、分合法，是由美国麻省理工学院教授威廉·戈登于1944年提出的一种利用外部事物启发思考、开发创造潜力的方法。当人们看到外部事物往往会获得思考的暗示。事实证明，人类的不少发明创造、文学作品都是受日常生活的启发而获得灵感的。综摄法是指以外部事物或已有的发明成果为媒介，并将它们分成若干要素，对其中的元素进行讨论研究，综合利用被激发出来的灵感，来发明新事物或解决问题。

6. 模仿创新法

模仿是人类社会赖以存在和发展的基本规律和原则。模仿是创造、创新的初始，也是创造、创新的阶梯，更是创造、创新的一条捷径。模仿创新即通过模仿而进行的创新活动。在前人成果的基础上，在他人成果的基础上，模仿出新意，关键就在于要有所创新，哪怕只是一个观点、一个部分或某一方面的创新。有了创新，模仿就不再是模仿，而是升华。否则，模仿就成了仿造，成了抄袭。所谓的专家、大师，无一不是从模仿起步的，无数次模仿之后便进入创新的自由境界，已不见模仿的痕迹，呈现的只有创造和创新。自主创新艰难，模仿创新也不易。

第三节　系统拓展工具

1. 中山正和法（NM 法）

中山正和法（NM 法）是由日本著名创造学家中山正和提出的一种创造技法，NM 是他姓名的罗马字缩写。中山正和根据人的高级神经活动理论，将人的记忆分成“点的记忆”和“线的记忆”。由第一信号系统对具体事物形成的条件反射称为“点的记忆”；由第二信号系统对事物的抽象化形成的条件反射称为“线的记忆”。如果通过联想、类比等方法来搜集平时积累起来的“点的记忆”，再经过重新组合，把它们联结成“线的记忆”，这样就会涌现出大量的新的创造性设想，有可能做出新的发明。点性记忆是在断断续续中联想出意想不到的结果。线性记忆是以意志、理论为契机产生的关系性联想。通过对第一信号体系的“线性记忆”展开的构思称为T型展开，就是由一个关键词，然后用类比或者联想的手法，进行阶段性的构思活动。H型展开是指“从逻辑性、理论性的记忆”中引出线索清晰、逻辑性较强的构思方法。

2. 亲和图法（KJ法）

亲和图法又称KJ法，由日本的川喜田二郎所创。亲和图法是一种创造性思考问题的方法。亲和图法的工具是A型图解（A型图解只适用于需要时间研究解决的问题，不适用于要立即解决的简单问题），是将收集到的资料和信息，根据它们之间的相近性分类进行综合分析的一种方法，也称卡片法。换言之，亲和图法就是针对某一问题，充分收集各种经验、知识、想法和意见等语言、文字资料，通过A型图解进行汇总，并按其相互亲和性归纳整理这些资料，使问题明确起来，求得统一认识，以利于问题解决的一种方法。亲和图法的核心是头脑风暴，是根据结果去找原因。

3. 萃思（TRIZ）

萃思（TRIZ）是迄今为止最为系统、强大和实用的创新理论和方法体系。TRIZ理论与方法是苏联学者根里奇·阿奇舒勒及其同事于1946年率先提出的。当时，阿奇舒勒在苏联里海海军的专利局工作。他一直在思考一个问题：人们在发明创造、解决技术难题的过程中是否存在一般性的科学方法和法则，从而能迅速高效地实现新的发明创造或解决技术难题。他和他的同事先后剖析了来自世界各地250万项高水平的发明专利，从中抽象概括出各类技术进化的规律和模式，总结出解决各种技术矛盾和物理矛盾的创新原理和法则，作为解决各种发明创造问题的有效答案。随后，他们进一步提炼、概括出了解决发明问题的基本方法，建立了一个由解决技术创新问题的原理、方法、算法组成的综合理论体系，即TRIZ。“萃思”，取荟萃、聚集思维智慧之意。萃思学的功能就在于为人们创造性地发现问题和解决问题提供了一套系统的理论和方法，包括理论基础、分析工具和知识数据库三个部分。

4. 系统化创新思维方法（SIT）

系统化创新思维方法（SIT）是一个起源于20世纪90年代中期以色列的创新思维理论，是系统创新思维（Systematic Inventive Thinking）的英文缩写。该理论源自苏联学者根里奇·阿奇舒勒的TRIZ工程学，是针对创造力、创新和问题解决的实用方法。该方法的核心是创新问题解决理论（TIPS），即创新解决方案的模式是大同小异的。这一理论更关注创新解决方案的共同点而非不同点。

5. 六顶思考帽

六顶思考帽是由“创新思维学之父”爱德华·德·博诺博士开发的一种思维训练模式，或者说是一个全面思考问题的模型。该模型提供了“平行思维”的工具，避免将时间浪费在互相争执上。六顶思考帽是一个操作简单、经过反复验证的思维工具，该工具能够帮助人们提出建设性的观点，聆听别人的观点，从不同角度思考同一个问题，用“平行思维”取代批判思维和垂直思维，从而创造高效能的解决方案。运用德·博诺的六顶思考帽，将会使混乱的思考变得清晰起来，使团体中无意义的争论变成集思广益的创造，使每个人变得富有创造性。

六顶思考帽就是使用白色、绿色、黄色、黑色、红色和蓝色六种不同颜色的帽子，代表六种不同的思维模式。

（1）白色思考帽。白色是中立而客观的，表示人们思考的是关注客观的事实和数据。

（2）绿色思考帽。绿色代表茵茵芳草，象征勃勃生机。绿色思考帽寓意创造力和想象力，具有创造性思考、头脑风暴、求异思维等功能。

（3）黄色思考帽。黄色代表价值与肯定。黄色思考帽表示从正面考虑问题，表达乐观的、满怀希望的、建设性的观点。

（4）黑色思考帽。黑色象征不合理、错误、风险、挫折。人们可以运用否定、怀疑、质疑的看法，合乎逻辑地进行批判，尽情发表反对的意见，找出逻辑上的错误。

（5）红色思考帽。红色具有火热的情感色彩。红色思考帽不仅可以表现情绪，还可以表达直觉、感受、预感等方面的看法。

（6）蓝色思考帽。蓝色象征天空和大海的博大。蓝色思考帽负责控制和调节思维过程，控制各种思考帽的使用顺序，规划和管理整个思考过程，并负责做出结论。它是对思维本身的思考，也是其他思考帽的管理者。

第四章

管理创新的要求与重点领域

第一节　国家对管理创新的总体要求

1990年4月21日，原国务院企业管理指导委员会、国务院生产委员会发出了《全国企业管理现代化创新成果评审发布暂行办法》（企指委字〔1990〕4号），组织开展全国企业管理现代化创新成果审定和推广工作。1991年2月，以两委名义发布了首届全国企业管理现代化创新成果28项。

1992年10月8日，原国务院经济贸易办公室发出了《关于同意刻制“全国企业管理现代化创新成果审定委员会”印章的批复》，决定此项活动不再以政府部门名义直接主办，改由全国企业管理现代化创新成果审定委员会（以下简称全国审委会或审委会）主办。该委员会隶属国务院经济贸易办公室和国务院企业管理指导委员会领导，是由有关专家学者组成的非常设机构。

2003年7月1日，国务院国有资产监督管理委员会（以下简称国务院国资委）发出了《关于进一步组织做好全国企业管理现代化创新成果有关工作的通知》，进一步明确此项活动继续由全国审委会主办，并委托中国企业联合会管理现代化工作委员会具体承办。同时，确定中央企业可以直接申报国家级成果，并可以比照国家对科技创新成果的奖励办法，对成果创造人给予适当奖励。

2006年2月7日，国家发展改革委中小企业司发出了《关于组织中小企业参加全国企业管理现代化创新成果推荐申报工作的通知》，要求各级中小企业管理部门组织国家级成果推荐工作。同时，提出获得国家级企业管理创新成果的企业，可比照《国家科学技术奖励条例》及其实施细则对成果创造人给予表彰奖励。各级中小企业管理部门在落实有关扶持政策和具体项目时，可对获得国家级企业管理创新成果的企业予以优先安排。

2010年，国务院国资委、工业和信息化部和中国企业联合会研究决定，全国企业管理现代化创新成果审定和推广活动改由中国企业联合会、国务院国资委企业改革局、工业和信息化部产业政策司和中小企业司共同主办，由全国审委会负责组织。

2016年，工业和信息化部等 11 部委以〔2016〕245 号文件联合下发了《关于引导企业创新管理提质增效的指导意见》。2017年，中国企业联合会印发了《国家管理现代化管理创新成果申报审定与发布办法》。

中国企业联合会、国务院国资委企业改革局、工业和信息化部产业政策司和中小企业局研究，于2018年制定下发了《全国企业管理现代化创新成果申报审定和发布办法》(以下简称《办法》)。《办法》指出，企业管理现代化创新工作要运用现代管理思想及理论，借鉴国内外先进管理经验，从各企业实际出发，在管理理念、组织与制度、管理方式、管理方法和手段等方面进行探索。它必须同时符合创新性、科学性、实践性、效益性和示范性五项要求。

创新成果申报的内容要着重反映企业管理面临的重点、难点和突出问题，具有行业一流、国内领先水平。同时，注意比照已审定和发布的成果内容，有针对性地选择成果主题，突出创新点和示范作用。企业创新成果内容以主报告形式反映，并按推荐报告书规定表式和要求进行推荐、报送。企业申报的成果截止申报时间必须实施满一年以上。成果所提高的工作效率和产生的经济、社会效益，要经过科学测定和提交证明材料。

成果审定是审委会根据党和政府有关企业改革与管理的方针政策，结合国内企业管理创新和管理科学理论发展趋势，组织有关方面的专家，负责对推荐申报的企业管理现代化创新成果，进行客观、公正、科学的审定。成果审定工作包括初审（形式审查）、预审、公示、终审四个步骤。

第二节　电力行业对管理创新的总体要求

为贯彻落实国家创新驱动战略，鼓励电力行业加强科学研究，加快自主创新，积极推广应用先进科学技术成果，促进科技成果转化，充分发挥科技创新的支撑引领作用，促进电力行业科技进步，推动电力行业高质量发展，奖励取得突出创新与贡献的电力科技成果，中国电力企业联合会设立了电力创新奖，该奖每年评选一次。

电力创新奖根据成果情况，按电力科技创新奖、电力职工技术创新奖实行分类评审。电力科技创新奖包括技术成果、信息化成果、标准成果、管理成果和专利成果五类。

其中，“电力创新奖管理成果”主要是指通过运用现代科学理论，或采用先进技术方法、手段等进行改进与创新，促进科技成果转化，对促进电力科技进步、保障电力系统安全、提升电力企业效率效益有明显作用的成果。

电力创新奖一般设大奖、一等奖和二等奖。其中，年度管理成果大奖不超过3项，一等奖年度奖励数量不超过当年推荐成果数量的7%，二等奖年度奖励数量不超过当年推荐成果数量的13%。

各类电力企事业单位、科研院所完成的涉电力领域、属于奖励范围的成果，均可申报电力创新奖。独立完成的成果由完成单位申报，两个及以上单位合作完成的成果由第一完成单位组织申报。

电力创新奖实行分级评审及公示制。经形式审查、网上初审、现场复审、专项评定、大奖评审及奖励委员会审定、公示、抽查调研等程序。专家评审组负责对通过形式审查的成果进行专业评审。初评专家组负责专业初审，采用网上评议、通信评议、会议评议等方式进行，主要对成果创新水平、技术难度、成熟完备程度、经济和社会效益等进行评审，根据评审得分排名，确定进入复审的成果。复评专家组负责专业复审，采用会议评议、答辩等方式，定量打分和定性分析相结合，主要对成果创新水平（包括成果的技术创新、集成创新、理论创新等）、技术难度、成熟完备程度、经济和社会效益等进行评审、评分。

评定委员会采用会议形式，根据专家评审组的专业评分情况，提出电力科技创新奖成果的建议名单。评定委员会从拟获电力科技创新奖一等奖的成果中，遴选出大奖候选成果名单，候选成果数量原则上不超过拟授奖数量的3倍。电力创新奖评奖工作接受社会监督。拟授奖成果相关信息在中国电力企业联合会网站上公示，公示期一般为5个工作日。

第三节 国家电网公司对管理创新的总体要求

国家电网公司将管理创新作为实现企业发展和管理提升的重要抓手，自2002年以来按照国家关于管理创新工作部署和企业发展内生动力要求，循序渐进地推进管理创新工作。管理创新工作经过了自主自发、统一部署、体系建立、持续发展、全面深化五个发展阶段，取得了显著成效。

面向“十四五”，国家电网公司瞄准建成具有中国特色国际领先的能源互联网企业远景目标，以战略为统领，以实施八大战略工程为抓手，坚持“一业为主、四翼齐飞、全要素发力”，全面推动产业升级和高质量发展。“一业”即电网主导产业，“四翼”包括金融业务、国际业务、支撑产业、战略性新兴产业。

一要坚持“一业为主”，加快电网向能源互联网升级。电网业务是国家电网公司的“基本盘”，是必须牢牢抓在手里、扛在肩上的主导产业和主营业务。第一，要坚持绿色发展。着眼为美好生活充电、为美丽中国赋能，全面落实“十四五”电网规划，大力实施电网升级工程，确保到2025年初步建成以电为中心的能源互联网。加快构建坚强智能电网，加强送受端区域主网架和跨区输电通道建设。统筹推进现代城乡配电网建设，服务城乡能源体系转型升级。全力支持新能源、水电、核电等清洁能源开发利用，大力发展抽水蓄能电站，推动煤电灵活性改造和清洁化发展，做好分布式电源和微电网并网接入，大力加强需求侧管理。到2025年，经营区域并网可再生能源装机超过10亿千瓦，电能占终端能源消费比重超过30%。第二，要注重智慧赋能。积极推动先进信息通信技术、控制技术和能源技术深度融合应用，不断提升电网全息感知能力、灵活控制能力、系统平衡能力，支撑水火风光互补互济、源网荷储协同互动。到2025年，电网智能化保持国际领先，公司数字化发展指数达到87%。第三，要强化安全保障。严格贯彻新版《电力系统安全稳定导则》，筑牢“三道防线”，夯实本质安全基础。从网架、技术、设备、管理、机制等方面统筹发力，完善安全立体防御体系，提高电网弹性韧性，增强抗扰动能力和自愈能力。强化网络信息安全，提升动态监测和在线防御能力。第四，要突出价值创造。应用数字化技术，依托电网平台资源优势，培育新业务、新业态、新模式，延伸产业链、价值链。注重发挥用户侧资源优势，提高资源聚合和精准服务能力，努力为客户创造价值、提供增值服务。

二要积极稳妥发展金融业务，打造行业特色金融品牌。坚持根植主业、服务实业、以融促产、创造价值的金融业务定位，着力优化结构、创新机制、防范风险，全面提高支撑度、贡献度、协同度、活跃度、安全度。第一，要突出产融结合，服务主业行业。立足中央企业特色和能源资源禀赋，精准对接电网业务和产业链服务需求，扎实做好资金服务、资本引进、产业链金融三篇文章，打造更多满足实体经济需求的优质金融产品，坚决防止“脱实向虚”。第二，要稳健合规经营，守牢风险底线。严格落实监管要求和公司制度规定，加强金融合规管理，严守风险边界，前置风险关口，加强风险过程管控和协同处置，构建涵盖事前事中事后全流程的风控体系，确保不发生重大金融风险。第三，要优化管控模式，强化内部协同。深入推进“放管服”和“战略+财务”管控落地，压紧压实出资人责任和金融单位主体责任，分层运作、放活管好。深化融融协同，实现资源共享、业务互济、优势互补，打造“一站式”线上综合金融平台，提高金融资源配置效率，构建合作共赢的金融生态。

三要稳健拓展国际业务，打造“一带一路”建设中央企业标杆。聚焦电网业务领域，充分发挥公司信用、技术、管理、品牌等综合优势，统筹利用两个市场、两种资源，不断增强国际业务的市场竞争力、风险控制力和品牌影响力。第一，要稳步开拓国际市场。发掘欧洲机会，深耕南美市场，拓展中东、非洲项目，以监管类能源网资产为主要目标，坚持好中选优，坚守回报底线，稳妥开展优质资产投资并购。抓好重大项目建设运营，努力打造精品工程。第二，要稳健运营境外资产。坚持共商、共建、共享原则，坚持长期化、市场化、本土化经营，持续挖掘境外资产增值创利潜力。加强境外业务风险研究和应对，建立健全全过程风险防控体系，全方位加强信用、利率、汇率、资金、合规等风险防范，确保境外投资和资产安全。第三，要加强国际人才队伍建设。把人才培养贯穿国际业务拓展全过程，通过内部选拔与外部引进相结合、专业培训与实战经验积累传承相结合，着力培养一支政治过硬、视野开阔、专业精湛的国际化人才队伍。建立国内国际人员交流轮岗制度和更加科学有效的激励约束制度。第四，要树立良好的品牌形象。加强与国际同行、国际组织交流合作，宣传中国倡议，讲好国网故事，主动参与国际标准制定，积极履行社会责任，树立中国企业良好形象。

四要优化发展支撑产业，打造公司战略实施的坚强支撑力量。落实支撑产业升级专项行动方案，通过持续改革创新，夯基础、强能力，转机制、上水平，有力支撑公司战略实施。第一，要着力提升科研支撑能力。着眼发挥科研单位在科技强企中的主力军作用，优化科研布局，深化科研改革，加强基础研究和原始创新，建设国际领先的能源互联网实验研究体系，努力培育更多引领性、原创性重大成果。第二，要着力提升智能制造支撑能力。深入推进资源整合，加强核心技术攻关，实施国产化自主替代，推动高端装备数字化、网络化、智能化发展，不断提高产品和服务的附加值、竞争力，加快建设国际领先的能源信息化服务企业和电力系统控制设备制造企业。第三，要着力提升服务保障支撑能力。创新应用数字化、智能化等技术，不断构建完善现代智慧供应链、智慧后勤、办公资产管理等业务领域服务平台，提高专业支撑能力。要着力提升软实力建设支撑能力。加强公司智库体系建设，持续开展重大问题研究，提高决策服务能力。积极推动融媒体发展，打造立体化全媒体传播平台。深入推进企业党校、大学和职业技能培训基地建设，有力支撑各类人才培训培养。

五要大力发展战略性新兴产业，培育基业长青新动能。抢抓能源革命与数字革命融合发展机遇，落实公司新兴产业集群培育工作指导意见和新兴产业升级专项行动方案，力争到2025年营业收入达到2800亿元。第一，要打造核心能力。电力芯片、IGBT等业务重点加强核心技术研发，拓展市场领域。综合能源服务、储能、北斗及地理信息等业务重点加强技术集成与产品研制，打造整体解决方案。能源电商、电动汽车服务、大数据运营等业务重点深化互联网新技术融合应用，创新商业模式，改善用户体验，提升盈利能力。第二，要创新体制机制。坚持因企制宜、相机制宜推进混合所有制改革，坚持市场化方向，建立健全科学合理的考核激励机制，探索实施虚拟股权、项目分红、项目跟投等激励方式，有效激发创新活力和发展动力。进一步健全协同发展新兴产业机制，充分发挥直属产业单位、科研单位、省属单位的优势互补作用。第三，要强化开放合作。秉持开放、合作的理念，创新合作方式，广泛吸引各类市场主体共同参与新兴产业发展，努力构建共治共赢的新兴产业生态，带动产业链上下游共同发展。

六要全要素发力，为实现高质量发展提供不竭动力。在加强传统要素投入的同时，更加注重知识、技术、管理、数据等新要素投入，提高全要素生产率，推动企业内涵式增长。第一，要增强创新“第一动力”。把创新摆在关系公司战略全局的核心位置，深入实施“新跨越行动计划”，加大研发投入力度，提高自主创新能力，把创新成果及时转化为现实生产力。第二，要强化管理“永恒主题”。对标国际领先水平，找准短板差距，持续优化集团管控模式和运行机制，深化“三项制度”改革、多维精益管理和卓越绩效管理，打造现代设备管理体系，不断破除体制机制障碍，提高管理现代化水平。第三，要释放数据“倍增效应”。应用“大云物移智链”等数字技术，推动全业务、全环节数字化转型。深入挖掘数据资源价值，发挥数据要素的放大、叠加、倍增效应，促进生产提质、经营提效、服务提升，培育更多数据增值服务。第四，要激活人才“第一资源”。强化人才驱动，打造一支高素质专业化的干部职工队伍，统筹推进人才培养“三大工程”，完善人才引进、使用、流动、激励机制。大力弘扬企业家精神、科学家精神、工匠精神、劳模精神，促进人才创造活力竞相迸发、聪明才智充分涌流。

为此，以创新驱动为核心理念，以“激发活力、资源共享、交互融合”为主要原则，以管理创新示范工程、管理创新推广工程为主要内容，以“聚合性、交互性、协同性”为主要特点，国家电网公司提出以下几种管理创新实施路径。

（1）倡导创新理念。鼓励创新实践，积极营造勇于创新、善于创新的良好氛围，使管理创新真正成为促进公司高质量发展的动力和源泉。

（2）瞄准战略重点。围绕国家电网公司战略建设重点领域，实施示范工程，培育成果精品，树立典型经验，发挥示范引领作用；实施推广工程，实现成果充分及时共享，最大限度地发挥成果价值。

（3）关注管理前沿。引进、消化和吸收先进管理理论、方法工具，构建符合公司战略要求的创新模式，实现创新驱动公司发展。

（4）应用信息技术。将数字化建设与管理创新工作深度融合，促进项目流程无缝集成、创新主体有效沟通、工作水平不断提升。

第四节　国网蒙东电力“十四五”管理创新重点方向

扎实系统推进管理创新，既是落实公司经营管理工作的重要环节，也是持续推进公司管理提升工作的重要举措。国网内蒙古东部电力有限公司（以下简称国网蒙东电力）紧扣公司战略落地，结合公司特色亮点和短板问题，坚持目标导向、问题导向、结果导向，“少而精”确立示范项目计划、推广项目计划，确保管理创新项目价值。借鉴“新特专精”小型企业培育经验，多培育有创新性、特色性的项目（绿电双循环、特高压、新能源、边疆少数民族牧区、极寒地区等），换道超车、走在前列，以点带面、形成示范。

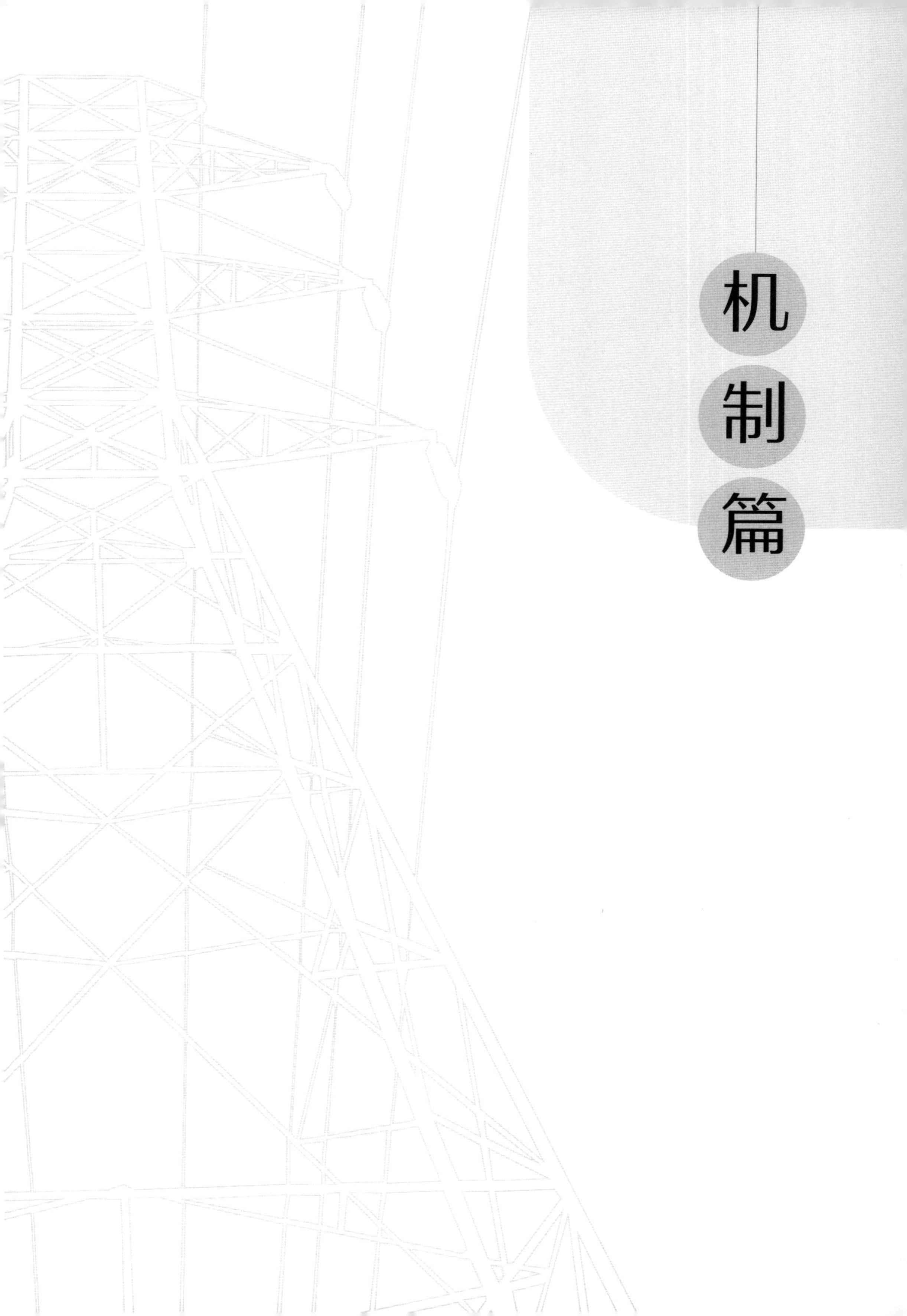

机制篇

第五章

管理创新运行机制

第一节　国家电网公司管理创新工作体系

国家电网公司按照“四个坚持”统一组织管理创新工作：一是坚持围绕“163”卓越管理体系，服务公司改革发展；二是坚持问题导向，增强管理创新实效；三是坚持管理创新实践与成果推广应用并重；四是坚持统筹引领与分类指导相结合。

管理创新工作的开展按照“统一领导、分层组织、系统部署、统一标准”的原则推进。总部负责管理创新战略制定、全局方向把控；各省公司负责创新项目实施、统筹创新资源，突出战略执行和省级创新管理工作；直属单位负责支撑、新兴、省管产业创新与主导产业服务支撑创新。

国家电网公司管理创新工作计划包含管理创新工程计划、管理创新示范项目计划和管理创新推广项目计划。其中，管理创新工程是指公司贯彻中央决策部署、落实国资国企改革、电力体制改革、推动公司发展方式转变、解决公司发展关键性问题，对公司创新发展具有决定性的推动作用，在实施过程中涉及诸多系统、诸多管理层次、诸多生产经营要素的重大管理创新实践。管理创新示范项目是指运用现代管理学理论，在企业制度、管理理念、管理方式等方面提出创新因素，对推动公司发展战略、管理变革和提升效益起到重要的作用，解决专业管理领域主要问题的管理创新实践。管理创新推广项目是指以公司优秀管理创新成果为载体，在更深层次、更广范围对管理创新成果进行推广的项目。

第二节 国网蒙东电力管理创新工作总体思路

国网蒙东电力站在服务国家“碳达峰、碳中和”发展目标的高度，站在服务国家电网公司“中国特色国际领先能源互联网”发展战略的高度，站在服务自治区“两个屏障、两个基地、一个桥头堡”发展定位的高度，秉持可持续管理和高质量发展理念，提出构建内蒙古绿色电力双循环总体布局，为公司“十四五”发展指明了方向。

在构建内蒙古绿色电力双循环的进程中，公司变革体制机制和创新管理模式的任务十分繁重，对先进管理理论和实践的需求比以往任何时候都强烈。更加注重夯实基础，在制度标准、治理模式、组织架构、业务流程、运行机制、管控体系等方面下功夫；迫切需要管理创新，在加强传统要素投入的同时，更加注重管理、知识、技术、数据等新要素投入，提高全要素生产率，推动企业内涵式增长；需要进一步开阔视野，广泛借鉴吸收国内外一流管理实践，创新管理方法，不断提升安全保障能力、风险控制能力、卓越服务能力和价值创造能力。

蒙东公司管理创新工作总体思路表现为以下几个方面。

1.强化顶层设计

按照“三性、三化”（坚持战略性、经营性、创新性，体系化推进、项目化组织、成果化评价）要求，明确“自愿申报、分级组织、重点突破”原则，统一管理创新的方向思路。

2.组织柔性团队

推进专业之间横向协同、机关基层之间纵向协同，集合内外部精英力量，合力攻坚克难，努力打造精品案例和硬核成果，防止成果内卷化、部门化。

3.加强过程管控

根据项目计划，组织相关部门制定管理提升项目实施方案、目标责任清单，实施挂图作战。召开重点项目推进会，主动了解项目实施困难与建议，不断优化管理创新的措施。

4.深化成果推广

采用“现场发布+评委打分”方式，提升创新课题发布效果，扩大成果评审影响，推动成果互学互鉴。编制管理创新优秀成果集，开展现场交流、实地考察等活动，加强优化成果向制度标准的转化，让更多的优秀实践经验在蒙东落地生根。

5.强化考核激励

优化管理创新工作评价体系，将工作成效分别纳入绩效考核和企业负责人奖励年薪，营造鼓励创新的良好氛围。

第三节　组织体系

一、组织机构

公司成立管理创新工作领导小组、管理创新评审委员会和管理创新工作办公室等。各部门和所属单位按年度管理创新项目立项要求，分别组成管理创新项目组。

公司管理创新领导小组由公司领导和部门负责人组成，主要职责包括以下几点。

（1）贯彻落实国家、行业管理创新工作的方针政策。

（2）研究审议企业管理创新发展规划。

（3）决策部署企业管理创新工作重大事项。

（4）组织推动企业管理创新战略的实施。

（5）审批企业年度管理创新工作意见。

（6）审批企业管理创新项目计划。

（7）审批企业管理创新成果评审及表彰奖励方案。

（8）审定企业申报国家级、行业级管理创新成果。

企业管理创新评审委员会由相关部门、单位负责人、管理创新有关专家组成，主要负责管理创新立项和成果的评审工作。主要职责包括以下几点。

（1）评审确定管理创新项目计划。

（2）评审管理创新成果。

（3）提出管理创新成果表彰奖励和推荐方案。

公司的管理创新工作办公室设在企业管理部门，负责企业管理创新工作的日常管理。主要职责包括以下几点。

（1）贯彻执行企业管理创新工作部署和要求。

（2）编制管理创新工作规划、年度工作意见。

（3）制订年度管理创新项目计划。

（4）组织重大管理创新项目实施和成果培育。

（5）指导协调公司管理创新工作。

（6）组织开展管理创新成果推广应用。

（7）组织管理创新业务知识学习培训及经验交流。

（8）组织管理创新成果评审工作。

（9）开展管理创新工作年度评价、考核。

（10）组织、督导管理创新工作所形成文件材料的归档。

二、工作体系

公司的管理创新工作办公室为常设机构，负责管理企业管理创新的具体工作，包括建立企业管理创新工作机制、责任体系，拟订工作职责、考核体系，编制应用工作手册，组织开展实施企业管理创新工作。

公司各专业部门、各基层单位应明确相应工作职责，确定工作负责人，以保证管理创新职责到位，工作有序进行。主要职责包括负责本部门、单位管理创新立项项目申报，开展本部门、本单位专业管理创新项目成果报告的撰写和修改完善，配合审定相关专业领域管理创新成果工作，参与选定管理创新推广成果并组织实施。

第四节　管控体系及流程

一、规划管理体系

管理创新计划管理工作应贯彻执行上级和本公司管理创新工作部署和要求，按企业管理创新的管理制度和标准体系，编制企业管理创新工作规划，制订年度管理创新项目计划。

1. 管理创新工作规划

管理创新工作规划，应结合公司改革发展战略目标、公司长远发展规划，提出企业管理创新的规划目标和方向，重点要确定选题方向和研究方向，学习和借鉴的前沿理论方法或对标企业对象，同时提出相应工作措施和保障措施。

2. 管理创新年度计划

管理创新年度计划，应结合公司年度工作目标和计划，结合当年公司工作重点、难点、热点和公司高层管理者的创新要求，组织公司提出管理创新选题；同时结合上级部门创新工作要求和在本公司实施的项目提出选题，形成公司年度管理创新计划方案，并提出年度企业管理创新工作实施方案和工作要求。

3. 管理创新制度建设

建立企业管理创新工作管理办法、企业管理创新立项评审办法和评审标准、企业管理创新成果评审办法及评审标准、企业管理创新专家管理办法等。建立企业管理创新考核、评价制度，促进企业管理创新工作有序有效开展。

二、过程管控体系

企业管理创新过程管控工作应结合整体工作推进和具体立项项目工作计划目标和要求，制订工作方案和措施，并安排定期汇报沟通工作，掌控工作进度，提高成果质量。企业管理创新过程管控应主要做好以下工作。

1. 实施方案的研究制订

方案的制订要全面考虑项目特点，研究整体工作和分项工作，有针对性地开展管理创新策划。

2. 项目实施与过程管理

项目的实施和管理首先应区分管理创新示范项目和管理创新推广项目，分类施力。管理创新的基础性工作应包括组织管理创新业务知识学习培训及经验交流，组织企业管理创新项目实施和成果培育，指导协调涉及企业多部门多单位管理创新项目的培育，开展管理创新工作年度评价、考核，组织管理创新成果评审工作，组织开展管理创新成果推广应用，督导管理创新工作所形成文件材料的整理工作，等等。

3. 成果报告的撰写

撰写工作要做好资料收集整理、提纲梳理和撰写研究。报告撰写应与管理创新工作的管理单位对报告基本格式、内容、撰写规范等要求相一致。

4. 项目推广与应用

创新成果的实施与总结，关键在于指导实践，并在应用中为企业创造价值。推广应用应始终作为企业管理创新工作的重点。

三、评审推荐体系

企业管理创新成果的评审与推荐工作，重点做好评审制度、流程与评审专家团队建设和管理。

1.评审制度

评审制度包括企业管理创新成果立项申报与评审管理办法、企业管理创新成果评审标准及工作要求、企业管理创新成果推荐管理办法等，并制订相应材料评审及现场发布评审工作细则。

2.专家团队管理

专家团队管理包括专家推荐标准及专家使用的管理办法、专家信息库等。专家团队应包含公司内部专家和公司外部专家两个团队。

四、推广应用体系

企业管理创新推广应用主要包括四个部分的工作，即推广应用管理创新优秀成果的选择，研究确定推广应用方案，推广应用工作跟踪管理，以及推广应用工作总结。

1.推广应用管理创新优秀成果的选择

推广应用管理创新优秀成果的选择包括上级部门的推荐项目、本公司成果推荐项目、学习借鉴相关公司的优秀项目等。应根据公司当前工作重点和发展需求确定。

2.研究确定推广应用方案

确定推广应用项目计划，应对接相关部门或所属单位，研究论证可行性措施和可预见性效果，注重对研究成果的再创新，提出有目标、有措施、有方法、有创新、有节点、有分工、有预期的工作方案。

3. 推广应用工作跟踪管理

主要做好方案实施、过程指导、进程和质量控制，并做好工作汇报、阶段工作总结、推广应用报告的撰写等。

4. 推广应用工作总结

按照项目实施方案要求，对管理创新推广项目进行总结和验收，重点总结成果创新点、工作成效和工作经验。

五、全流程主要环节

企业管理创新工作全流程主要环节如下。

（1）项目征集、选题与申报。

（2）评审、立项与计划方案下达。

（3）项目实施方案制订。

（4）项目实施与过程管理。

（5）资料收集与整理。

（6）项目报告的撰写。

（7）项目总结与验收。

（8）成果申报与评审。

（9）项目推广与应用。

第五节　评价体系

一、评审专家团队

组建企业管理创新专家库的目的是借助专家专业优势，实施管理创新项目指导、知识培训以及参与管理创新项目立项评审和成果专业评审。

1.专家的条件

专家库专家应掌握相关专业的基本情况，具有较高的专业管理水平、创新管理水平和文字表达水准，能够积极参与管理创新工作的立项审批、过程管控、评审推荐、推广应用等各项机制建设；能够对管理创新项目的实施进行过程指导、知识和业务培训，带动公司、部门、班组的人员参与到管理创新工作中；能够对管理创新成果的亮点提炼、行文修改等提供建设性意见。

2.专家的推荐

企业管理创新专家应包括公司本部各部门、各单位、各层级人员，一般通过推荐产生，符合以下条件之一的可推荐入选。

（1）企业集团及以上管理及技术领军人才、专家人才。

（2）企业级及以上管理创新获奖成果的主创及参创人员。

（3）参与企业及以上管理创新成果评审的人员。

（4）企业管理创新专责以及对企业管理创新工作做出突出贡献的人员。

3.专家团队的管理

推荐人员经企业管理创新委员会审定后进入专家库。管理创新专家团队实行动态管理，由公司有关部门依据专家履职情况和评审需求定期调整。

公司直属各单位可根据需求建立管理创新专家团队，并由各单位自行组建并实施动态管理。

二、评审标准

管理创新示范成果是指运用现代管理学理论，总结管理创新工程、管理创新示范项目管理实践，形成的具有创新、改进并经实践证明有明显作用和效果的成果。

管理创新推广成果是指在已有管理创新成果的基础上，总结管理创新推广项目管理实践，取得良好的推广效果，形成较原成果理论水平更高、创新性更强、适用性更广的成果。

管理创新示范成果及推广成果应符合六种条件，即创新性、实践性、效益性、示范性、科学性和推广性。

1. 创新性

管理理念先进，创新思路独特，符合管理科学原理，能反映一定管理领域的客观规律，达到或超过国际、国内、行业、企业先进水平；应用国内外已有的成果，在实践中确有改进和发展的创新因素；引进国外最新先进管理技术在国内首次应用获得成功。

2. 实践性

符合国家法律、法规和经济技术政策，符合本单位和部门的实际情况；有可操作性、可持续性，并有一年以上的实践结果。

3. 效益性

能够提高经济效益，即提高工作效率、管理效益，节约工时或降低成本；能够提高社会效益，即提高供电服务质量，提升客户满意度，有利于环境保护，等等。

4. 示范性

一是在管理学理论、公司创新实践领域具有先导引领作用，在成果内容层面具有示范价值；二是创新成果命题准确、结构合理、文字规范，在内容与格式上具有示范价值。

5. 科学性

创新领域符合国家和公司战略发展要求，具备一定的理论基础与价值，创新项目的开展与成果符合管理学基本原理，遵循企业管理一般规律，内容翔实、逻辑清晰，实施过程严谨得当。

6.推广性

推广性是指直接或间接取得预期效益，对安全生产、经营管理具有明显的促进和支撑作用，对公司系统企业管理工作具有借鉴意义，在公司系统或在更大的范围内具有导向性和推广价值，推广过程具有可操作性。

第六节　激励体系

企业应建立管理创新考核、评价等激励工作体系，开展管理创新考核评价工作，促进企业管理创新工作持续开展。企业管理创新工作考核评价应结合工作业绩和工作质量进行。

1.管理创新工作业绩考核、评价

内容包括获得全国企业管理现代化创新成果奖、电力行业管理创新成果奖、省（市）级企业管理现代化创新成果奖、国家电网公司管理创新成果奖和国网蒙东电力管理创新成果奖的获奖等级及数量。

2.管理创新工作质量考核、评价

内容包括管理创新组织工作体系建立和运行情况，管理创新计划立项管理情况，管理创新计划组织实施情况，管理创新成果总结和申报推荐情况，管理创新成果推广应用情况，管理创新其他工作完成情况，等等。

第七节　保障体系

一、平台建设

为满足企业管理创新日常管理等工作的需要建立管理创新网站管理平台。平台建设应包括申报、查询、上传、审核、评审、查新、交流等功能。

平台主要栏目设计应包括管理创新成果库、知识库、专家库和工作动态等。

1.管理创新成果库

组织收集公司内外部各层级、各单位优秀管理创新成果，建立成果数据库，并定期更新，实现优秀成果的内部共享交流。成果库的应用主要包括三大方面，即在立项阶段开展查重查新，在过程实施和成果编制阶段进行查询与参考，在推广应用阶段提供借鉴与指导。

2.管理创新知识库

知识库包含管理创新的国际国内理论知识、管理创新的前沿动态以及管理创新工作的基本常识等，认真汇总各类管理知识并整理分类，形成电子文档库。建立稳定的管理知识识别与收集渠道，适时更新管理热点和创新理论。为管理创新项目的选题立项、过程管控、成果评审提供理论依据与方法借鉴，为管理理念、管理工具、管理经验的学习提供知识导航。

3. 管理创新专家库

建立以专家人才为主体的管理创新工作专家库，发挥专家人才在立项评审、过程督导、成果提炼、成果评审、推广应用、业务培训等方面的作用。

4. 管理创新工作动态

适时更新企业管理创新工作的动态，发布管理创新工作要求，共享管理之“新”。

二、人才培养

1. 培训对象

企业管理创新工作要营造企业内职工广泛参与的氛围，创造具有创新特色的企业文化，培养广大职工的创新意识。要让高层管理者、一般管理者及企业执行层，结合企业的决策管理、专业管理和日常工作，参与建言献策和管理创新。建立企业创新激励机制，鼓励全员的创新积极性。

根据管理创新的目标和专业管理工作需求，可以组织各类型不同层次的培训工作：①针对全员管理创新意识和理念的培养开展全体员工创新基础知识培训；②针对提升企业管理水平和管理创新领导力开展对企业中高层管理人员的培训；③针对提高管理创新项目的业务水准和过程管控能力开展创新项目专责、撰写人员培训；④针对某领域管理创新能力提升或成果转化工作开展特殊领域管理人员、专业人员的重点培训等。

2. 培训形式与培训内容

管理创新培训要根据目的和对象不同，采用不同的培训形式，组织不同的培训内容。

（1）培训形式可分为现场培训、线上培训、集中式培训、自学式培训、交流式培训、分片区培训、分单位培训、一对一培训等。

（2）培训内容可分为创新理念与方法培训、工作机制建设培训、基础知识培训、管理创新方法与技巧培训、专业创新培训、专题创新培训、立项及选题培训、项目过程管理培训、报告撰写培训、优秀报告案例分析培训、典型工作经验培训、评审工作培训等。

3. 课程设计

培训课程的设计，要根据培训对象和培训要达到的目标，针对管理创新基础理论、企业创新思维与创新管理、企业管理创新立项及过程管控、报告撰写、项目申报、报告评审、成果发布等内容，提高参培人员的管理创新综合素质。

管理创新培训的主要培训课程有国家创新发展战略、国际管理创新理论、企业管理基础知识、管理创新全流程管理、管理创新立项的选题技巧与策略、管理创新项目过程管控、管理创新成果报告撰写、管理创新案例解析、管理创新典型工作经验、成果发布要求及技巧等。

4. 培训组织工作

（1）培训管理机制建设。企业应建立管理创新的培训管理机制，包括制度流程、年度培训计划、培训教师团队建设等，围绕各时期重点工作持续开展管理创新培训工作。根据管理创新工作等培训需求，研究不同时期、不同阶段的管理创新培训方案，组织不同主题内容的培训工作，不断提高管理人员和专业人员管理创新工作水平。

（2）培训计划方案制订。培训计划方案的主要内容是，根据企业管理创新工作需要和培训对象，一般可按年度安排管理创新培训计划，主要考虑培训内容、教师、教材（课件）、费用、培训时间和地点等，同时考虑安排好培训工作的领导者和组织者，做好工作人员的职责分工。

（3）培训主要工作。按照培训计划方案要求，明确培训目的和要求，聘请公司内外部专家授课，并协助老师做好备课和讲义的准备工作，以确保课程内容符合培训目标要求；同时，按照培训计划方案，安排好培训地点和时间节点，做好资料准备、会场布置、设备调试等会务准备工作，确保培训活动按计划顺利开展。

第六章

管理创新工作流程

第一节　管理创新选题立项

一、项目分类管理

企业为提高管理创新项目的管理水平，保证按照相关标准、内容、格式、时间进度与申报方式等开展管理创新工作，需要对不同立项或确定申报目标的项目采取分类管理。

按项目类型，国家电网公司管理创新项目可以分为管理创新示范项目和管理创新推广项目。

按管理层级，国家电网公司管理创新项目可以分为国家电网公司立项项目、省公司立项项目、所属单位自主立项项目等。

按申报级别，国家电网公司管理创新项目可以分为国家级项目（中国企业联合会）、行业级项目（中国电力企业联合会）、省市（地方）级项目、省市（地方）行业协会项目、国家电网公司级项目、国网蒙东电力公司级项目等。

二、项目选题

（一）选题原则

管理创新项目选题应遵循以下原则。

1. 以公司目标为导向

紧扣公司发展战略，围绕公司发展的重点领域、公司两会工作报告中的年度重点工作提出选题并申报。

2. 以存在问题为导向

从专业管理中的难点、热点问题，经营管理中的短板领域寻找选题并申报。

3. 以效益和效率为导向

应选择对公司经营管理工作具有明显促进和支撑作用的、能够显著提高企业生产效益或工作效率的课题提出选题并申报。

项目选题是立项工作的起点，应在调研的基础上进行分析与决策，确定选题和研究方向。

（二）按不同专业内容分类的选题

企业管理创新工作须结合国家发展战略方针和政策法规要求，围绕企业基础工作创新、管理体制创新、技术创新等提出选题并申报立项。

1. 基础工作创新类

基础工作创新类包括安全生产、基建管理、技术创新、信息通信、节能降耗、营销服务、规划计划、统计分析、财务核算、审计管理、人员培训、绩效管理、职业生涯规划、企业文化、宣传与媒体、法治化管理、班组管理、后勤保障等。基础管理应注意管理方法、流程、制度、标准改进完善，互联网系统开发应用、管理机制、工作评价和考核手段创新应用等。

2. 管理体制创新类

管理体制创新类包括电力企业资本性投资改革、供给侧结构性改革、需求侧管理改革、电力价格改革、电力现货交易改革、完善市场化机制、优化营商环境、国有企业“放管服”工作、推动清洁能源发展、企业党建引领工作、企业质量、效率和动力变革等。选题重点要注重组织机构、制度、标准、流程等方面的创新研究与应用。

3. 技术创新类

对于企业新技术、新工艺、新产品的开发与应用的管理模式建立与运行，如特高压输变电、柔性直流输电、智能化电网、绿色能源应用、电动汽车等，或采用新技术手段以加强科学管理，要注重管理中新标准、新制度、新流程的建立与运行，新机制的确立与运行，尤其要关注在管理上如何发挥作用以及取得的成效。

（三）按创新项目性质分类的选题

管理创新项目按性质可以分为原创型创新项目、引进型创新项目、提升型创新项目和理论应用型创新项目。

1. 原创型创新项目

按改革工作或上级要求，应重点总结提出的管理方案与实施情况，在体制、理念、制度、方式等方面挖掘创新点和创新效果。

2. 借鉴型创新项目

重点总结在学习他人先进经验的基础上，更深层次、更广范围地更新做法，从完善改进创新措施角度，寻找创新点。

3. 提升型创新项目

企业管理与发展是按照循序渐进的规律进行的，要重点总结与本公司以往管理的不同点与创新点，提炼在提高效益、效率方面的主要做法。

4. 理论应用型创新项目

按现代企业管理理论方法的应用创新，重点总结本公司在管理实践中如何对相关管理理论进行创新与实践，提炼企业应用理论促进实践的主要方式方法和典型经验。

（四）推广项目选题

推广项目选题可以分为指令性选题、指导性选题和自主性选题。

1. 指令性选题

指令性选题是指上级部门或公司领导指定的管理创新题目，主要配合公司改革或重大管理项目的选题。

2. 指导性选题

指导性选题是指根据上级部门或公司战略思路，结合公司管理工作实际需要提出选题。

3. 自主性选题

自主性选题是指按照本公司或专业部门的工作需要，根据专业方向提出选题。

三、立项申报

企业管理创新项目实行立项制，每年上一年年底或当年第一季度由公司企业管理部统一组织制订申报管理创新示范项目和管理创新推广项目的立项计划。

1. 立项申报要求

各部门、各单位要求同时申报示范项目和推广项目。申报示范项目要求结合本部门（单位）的管理实际需求，并事先做好查新工作；申报管理创新推广项目的原成果应为近三年电力企业实践成熟的管理创新成果，结合实际，有针对性地选择企业内外部优秀成果进行推广应用。

2. 申报材料填写

申报管理创新项目须严格按照要求填报申报书和申报表。

3. 内部评审

公司各部门、各单位应加强项目统一策划，严格开展立项分析和内部评审，加强与上级单位对口部门沟通，关注同级单位申报项目情况，保证项目申报的顺利进行。

四、立项审查

申报立项部门（单位）应按规定填报申报书（申报表）。对于在公司立项的项目，要进行申报项目的立项依据，项目主要内容，项目的重要性、创新性、示范性、实践性、效益性、推广性以及进展情况的审查，提出审查意见，并进行修改、完善或调整。

五、立项评审与下达

（一）立项评审

申请立项部门（单位）要按申报书（申报表）立项依据、项目主要内容，以及项目的重要性、创新性及进展情况等进行汇报和问题答辩。

（1）由企业管理创新评审委员会对申报项目按标准分项打分，对打分结果汇总，并采取加权平均，对申报的项目排序。对评审结果意见进行研究，提出当年申报项目的立项计划方案。

（2）公司有关部门汇总立项评审意见，择优形成年度管理创新工作计划，年度计划在质量优先原则下兼顾各部门、各单位的均衡。

（3）管理创新评审委员会按照公司年度选题重点要求，从确定的公司立项项目中择优分层级推荐申报立项计划项目。

（二）评审标准

立项评审标准一般分为重要性、创新性、示范性、实践性、效益性、推广性等方面，并按一定权重赋予分值。

重要性是对项目创新范围与宏观经济工作和企业重点工作契合程度的评审，创新性是对创新项目在国际、国内或行业管理领域的创新水平的评审，示范性是对创新项目在其专业领域内示范作用的评审，实践性是对创新项目管理过程中可操作性的评审，效益性是对提升生产管理效率和企业效益的评审，推广性是对创新项目在相关行业相关专业所具推广价值的评审。

（三）评审结果汇总与下达

根据评审打分情况提出公司当年立项计划，经企业管理创新领导小组审定后，下发年度管理创新立项方案。

第二节　管理创新过程跟踪

一、项目实施方案

（一）实施方案主要内容

管理创新项目实施方案主要内容包括项目实施背景、工作目标和工作思路、创新方法和保障措施、进度计划和责任人、预期成果、成果报告撰写计划等。

（二）实施方案编写要求

实施方案是管理创新项目指导性的工作思路和方法，也是创新工作项目组开展工作的计划依据。方案的编写工作要求在立项的基础上，由项目组成员根据批准的立项申报书内容共同研究讨论后确定。具体要求如下。

1.项目实施背景

实施背景是指创新项目立项的依据，通过背景的阐述来说明该项目的重要性。

要求与项目申报书中“立项依据”部分内容对应，一般可以按照宏观背景、中观背景和微观背景分别来叙述。宏观背景是指宏观经济发展趋势对企业发展提出的客观要求或国家、地方政府的政策法令对企业经营管理工作的硬性要求；中观背景是指企业所在行业发展的制度、标准上的要求或本企业上级部门的工作要求；微观背景是指本企业发展战略和管理现状的客观要求。结合项目的具体实际，可以不受此限制。

2. 工作目标和工作思路

工作目标和工作思路应分别阐述。

（1）工作目标是指本项目要达到的目的和目标。工作目标包括以下两个方面的内容：一是企业项目创新要实现的社会性目标或政府部门要求的目标，如优化能源结构、低碳生产生活、能源替代、智慧用能、优化营商环境等；二是企业项目创新的直接目标，如效益提升目标、管理水平提升目标、服务水平提升目标、劳动效率提升目标、节能降耗目标等。

（2）工作思路是指项目主要内容、创新亮点、预安排的实施性做法等，应与申报书中的“主要内容”对应。工作思路应进行综合性概述，并对实施性做法进行阐述。综合性概述应说明主要做法和创新点，实施性做法主要针对项目总体构想、组织机构、制度标准、工作流程、工作方法、过程管控、考核监督、分析评价等多方面进行分述。

3. 创新方法和保障措施

（1）创新方法是指创新项目实施过程采用的基本方法。通过这些创新方法的应用，达到管理项目创新的目的；同时，在创新方法应用基础上，说明实施项目的管理思路和方法等创新工作的情况。

（2）保障措施是指如何确保创新项目方案能够有效落地和实施。

一般来说，保障措施包括组织保障、技术保障、制度保障、资金保障、人员保障、培训保障等。

4.进度计划和责任人

一般要求按月度周期安排工作任务，并明确项目分项工作的具体责任人。

内容主要分为：项目选题与申报、实施方案制订、项目实施、项目监督考核、资料收集与整理、报告提纲制订、报告初稿拟订与讨论、创新项目的工作完善、报告资料补充与完善、向主管部门汇报与修改、专家指导与报告完善、完成报告定稿、成果申报与评审、项目总结与验收等。

项目实施进度开始时间应在立项年的年初，截止时间不能晚于成果报告要求的提交时间。

5.预期成果

预期成果要求从以下两个方面阐述：一是实施本项目形成的直接成果，如工作方案、形成的制度（规程、标准）、申请的专利、编制的手册、本项目成果报告等；二是要从项目的成效方面进行预期，如经济效益、管理效益、社会效益等。

6.成果报告撰写计划

成果报告撰写计划内容一般包括研究制订报告提纲、初稿拟订与讨论、资料补充与完善、向主管部门汇报与报告修订、专家指导与报告修订、完成报告定稿。

（三）实施方案其他要求

（1）实施方案应结合企业实际情况，提出的目标、计划、方法、措施、成果等应具有可行性，语言以平铺直叙为宜。

（2）方案中每部分内容要求分段叙述，每段应设立小标题。

（3）文字字数一般2500~5000字为宜。

二、项目过程管控

对于公司立项项目按确定的工作方案实施计划，承担部门、单位向公司有关部门提交管理创新项目月度进展情况报告。进展情况报告对项目月度工作开展情况、工作亮点和经验、实施过程中存在的问题及解决措施，以及下月工作安排、工作意见和建议等内容进行报告。根据需要公司有关部门对月度进展情况进行通报。

公司有关部门定期组织管理创新内、外部专家对项目实施情况进行中期督导，了解项目进展、阶段成果、实施过程中存在的问题与困难等，对项目实施情况进行评价并提出改进完善意见。

三、项目培育指导

（一）培育主要内容

结合项目方案中提出的工作目标任务和工作措施，应分解工作计划和具体节点，围绕项目的具体做法、创新点和预期成果等核心内容，重点分析该项目在方法应用、制度标准制定与实施、平台开发利用、流程规范、机制运行、管控措施实施等方面的主要问题与创新举措，明确项目工作优化提升的方向与意见。

（二）成果的培育

1. 培育计划

确定向更高层级推荐的优秀管理创新成果，列入公司培育计划，公司有关部门统一组织安排项目的各项培育工作。

2. 培育指导

公司将邀请国家级或省级具有管理创新理论或实践经验的管理创新专家，开展培育与提升工作。重点从成果的创新性、实践性和效益性方面进行优化，提升成果的理论水平和创新效果。

四、创新点的突破

1.创新点的发现

对项目总结要从创新的主要内容入手，管理创新主要分为管理理念和理论创新、管理组织创新、管理制度创新、管理方法创新、管理技术创新和管理机制模式创新，结合管理项目实际，衡量企业创新工作在哪些方面有所建树，并付诸实施。

2.创新点的分析

确定管理创新项目在某些方面或某些要素有所突破，要进一步根据管理工作实际实施情况和积累材料进行分析，分解每方面创新工作的具体方法、措施、流程、制度、结果等方面的新变化，并对做法及特点进行材料梳理、提炼，总结形成文字。

3.创新点的培育

对创新点的挖掘要贯彻创新项目实施的全过程，对发现分析确定的创新点要在实施过程中有目的、有计划地进行培育，好的机制、好的措施、好的方法，要规范流程、标准和制度，逐步完善并固化，使其具有独创的特点。

五、管理创新成果报告的撰写

（一）资料收集与选取

1.资料分类

主要资料包括：现代管理理论、管理方法、数学模型、创新方法等；公司内部相关计划（设计）方案、计划指标、完成指标、制度标准；公司相关专业统计分析资料、总结报告、典型材料；国内相关政策、法令，上级部门规定、制度等；相关行业、公司在项目创新方面的经验及总结资料等。

2.资料选择与整理

（1）资料选择。主要根据报告对摘要提炼、主要做法和创新成效的陈述和论证的需要，在分析的基础上，根据报告主题和研究方向，选取最有力的证明资料和案例，而并非多多益善。一是选择能够说明过程、方法和效果的典型事例、典型方法、典型经验做法、典型技术措施等资料；二是选择鲜明、有力、简洁的文字、数据、图表资料等。

（2）资料整理。主要包括：对项目实施过程资料等再加工；指标核实与分析、效益指标的测算；做法和效果图表整理；报告附件资料、文件等的简化与美化。

（二）报告提纲

1.提纲初稿

按照报告结构要求和申报书的思路，在方案实施过程中要组织课题组研究报告初步拟订的提纲，提纲要结合最初立项思路与项目实施工作综合考虑，不局限于方案原来设想的思路，可进行补充完善，使项目成果更加完整和丰富。

2.提纲要点

在厘清主要做法的基础上，重点研究创新内涵、创新要点、取得的成效。应延伸到各层次的标题、重点工作内容。

在研究提纲的过程中，要根据创新项目需要，补充做好相关工作，完善措施，完善有关制度标准等文件。

（三）报告内容提炼与撰写

成果报告是对管理创新活动过程的再认识、再提高，成果报告的形成是发现管理中不足、总结工作经验以及促进管理水平再提升的过程。通过总结与发布工作，更好地接受评审机构和社会的评价，同时可以扩大成果的影响，更好地对成果进行推广和应用。

1.报告内容提炼

成果报告是通过分析经验做法总结出来的。报告的总结提炼是成果报告的核心工作。主要按照选题项目的主题内容，做好标题、摘要、背景、主要做法与创新点、实施成效的提炼。

2.报告撰写

报告撰写的一般要求如下。

（1）选题要集中。公司在选题立项时，要突出某管理领域的重点工作，突出专业工作内容，不可泛泛而选或主题空洞。

（2）题目要适宜。题目要符合规范要求，主题词应准确地反映企业管理工作实际，题目范围不可过大或过小。

（3）结构要正确。结构是指管理创新成果报告的文本结构，一般由报告摘要、企业简介、项目背景、主要做法、取得成效等内容构成。

（4）层次要清晰。报告总结层次要明确清晰，要求不同段落要设立标题，高度提炼创新工作的主要做法，准确地提出创新工作意义和取得的成效。

（5）选材要得当。在收集材料和运用材料中，做到真实、全面、准确，选取的材料要符合主题，叙述要详略得当。

（6）案例要典型。要选取和总结管理创新工作实践中具有代表性的案例，对案例的实施过程、措施、方法和成效要详细总结和论证，以反映创新工作特点。

（7）语言要朴实。报告要用准确、恰当、清晰的语言进行总结，要用朴实、直白的语言叙述。避免使用论证、论述、文学性修饰方法，或使用纯粹技术专业语言。

第三节　管理创新项目结题验收

一、项目总结

项目总结重点要分析项目开展情况、主要成果、未完成目标和存在问题等。开展情况主要是说明开展工作事项，工作过程、方法、措施实施、问题解决、结果等；主要成果主要是说明取得的管理、经济及社会效益，同时汇总分析未完成任务目标的原因、问题及改进建议。

二、项目验收

1.验收组织

公司立项项目由公司统一组织验收或委托实施单位验收。公司所有立项项目均应进行验收，对于未验收的项目，取消其成果评审资格及下年度立项申报资格。

2.申请材料

申请项目验收应提交相关材料，包括管理创新项目验收申请表，管理创新成果主报告及必要的佐证性附件材料，等等。

3.验收条件

由公司有关部门组织对验收申请材料进行审查，符合以下条件可进行验收：材料完整、内容真实；实施方案中规定的任务已完成，实现预期目标；项目中期辅导提出的意见已落实；成果主报告符合规范性要求；项目实施达到一年及以上，取得了明显的实施效果。

4.验收方式

公司有关部门根据公司管理创新项目验收工作要求，组织相关专家对项目进行验收评价，并填写管理创新项目验收意见，汇总形成验收结论。

5.未通过验收的处理

未通过验收的项目需根据验收意见对项目实施存在的问题进行整改，视整改情况，有效实施3~6个月以上方能向有关部门重新提交验收申请。

6.各单位自立项验收

公司自立项项目委托实施单位自行验收的，实施单位须认真组织，严格按验收程序要求完成验收评价并填写管理创新项目验收意见，汇总形成验收结论。

第四节　管理创新成果申报与评审

一、成果申报

（一）申报计划与下达

根据相关要求，由公司企业管理部等部门组织开展年度管理创新成果申报工作，申报成果包括企业立项项目成果和补充申报成果。管理创新成果采取限额推荐、逐级申报方式，企业立项项目成果通过验收的可直接申报；补充申报成果须经内部评审验收后由管理创新归口部门统一申报推荐。超出限额的补充申报成果、有抄袭等弄虚作假行为的成果、实施时间不足一年的成果等公司不予受理。

（二）申报材料

根据要求，各单位逐级提交成果申报材料，包括管理创新成果推荐排序表、管理创新成果推荐报告书、管理创新项目验收意见与成果主报告等。提交的材料应按要求加盖申报部门章或单位公章，同时提交电子版，其中成果效益部分须加盖本级财务部门章。

二、形式审查

企业管理创新评审委员会对申报的成果进行形式审查，存在以下情况之一者，不予通过形式审查。

（1）类型不符合。属于技术创新、信息系统开发、管理论文、工作总结等成果。

（2）重复性不符合。申报成果与公司系统近三年已获奖成果在创新方法、创新理念、创新做法方面高度重合的成果。

（3）规范性不符合。未严格按照摘要、企业简介、实施背景、主要做法、实施效果等部分撰写报告的成果。

（4）字数不符合。低于8000字或高于12000字的成果，一般差距在500字以上。

（5）实践时间不符合。有明确证据证明项目实践时间未满一年的成果。

（6）程序不符合。未立项的成果，或立项项目未申请验收及未通过验收的成果。

三、评审流程

1.初审

由公司管理创新领导小组办公室组织初审工作，进行成果报告的查新，筛选符合条件的成果，确保申报项目具有创新性，汇总形成参加评审的成果清单。

2.专家评审

由公司管理创新评审委员会按照评审办法和评审标准，组织专家进行量化打分，确定获奖入围成果名单。

3.综合审定

由公司管理创新领导小组研究确定评审结果，确定优秀成果名单。

四、成果推荐

成果的推荐工作分为企业自行推荐、上级单位统一推荐或由第三方机构推荐。

五、成果表彰与奖励

（一）奖项设置

根据公司经营管理实际情况，参照中国企业联合会、中国电力企业联合会以及国家电网公司的评定标准，设置公司级管理创新成果的一、二、三等奖，并根据参加评审的成果数量确定获奖比例和数量。一般而言，奖项设置应遵循宁缺毋滥的原则，国网蒙东电力年度一等奖最多8项、二等奖最多12项、三等奖最多20项。

（二）表彰与奖励

根据公司管理创新相关的绩效管理规定和奖励标准，对评审确定的优秀管理创新成果进行表彰。表彰分为精神奖励和物质奖励，以更好地激励管理创新成果的持续研究与推广应用。

管理创新工作一般纳入公司业绩考核工作，对获奖成果根据获奖奖项和级别，在绩效考核办法中明确相应绩效考核加分奖励，以激励部门、单位及个人在管理创新工作中的价值体现。

实务篇

第七章

管理创新示范成果报告的撰写

管理创新成果审定包括推荐报告书审核和主报告审定两个部分。成果主报告既是公司应用新的管理理念、理论和方法对公司经营管理活动进行创新实践后的系统性总结，也是专家审定评议的主要依据。申报企业在成果主报告形成前需要了解企业管理创新趋势，认真分析企业管理的成功之道，合理确定选题，梳理企业实践措施，认真组织人员撰写。推荐报告书不仅是专家审定评议成果的参考文档，更是管理创新成果效益性的直接体现。

第一节　主报告撰写要求

成果主报告应围绕为什么要实施此项管理创新、采取了哪些具体措施、实施后取得了哪些成效来撰写。主报告由题目、摘要、企业简介和正文（包括实施背景、主要做法和实施效果）等部分组成，如图7–1所示。

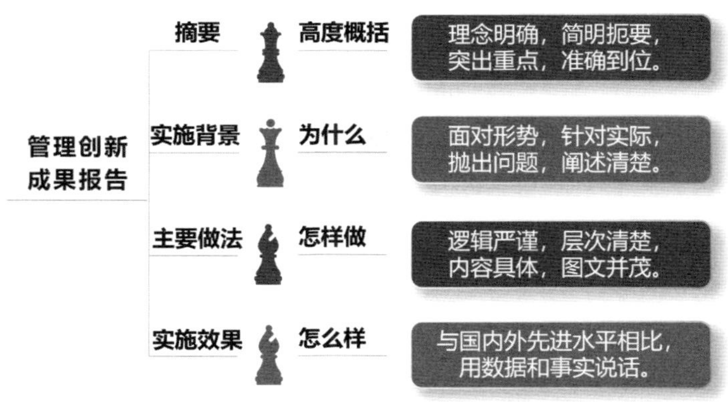

图7–1　管理创新成果报告的撰写

一、成果题目

成果题目要鲜明地反映出成果的主题、核心内容及特色，概括为一句话，但不要出现本企业名称、创造人姓名以及成果内容的字母缩写等，也不要以“××模式”“××法”等命名。选题时，可查找与本企业申报主题相关的历届全国企业管理现代化创新成果，避免重复。

1. 标题结构

标题一般结构为企业类型（可略）+成果特色（主题词）+适用领域（业务范围），也可以根据成果特色和情况，调整标题结构。

2. 标题的提炼

首先研判标题对应的段落部分或整篇文章的核心思想，表达主题和主题词是什么；标题要考虑在中心词（宾语）前使用恰当的修饰词（定语），修饰部分要体现工作特点；文中标题和内容要考虑上下部分的标题的独立性、互补性、逻辑性与完整性。

二、摘要

摘要主要反映本项成果的基本内容和主要创新点（300 ~ 500字），需要高度概括、反复提炼。

1. 主要内容

成果报告摘要是对创新项目及其成果的核心内容的提炼和概述。应包括创新项目实施的意义、主要实施过程、实施过程中解决问题的方式方法、项目的结果、项目取得的成效、项目取得的经验等。

2. 摘要的提炼

成果报告摘要主要对做法、创新点进行梳理和提炼。首先，通过对创新做法进行概述，对管理机构或业务组织、实施的主要工作、解决的主要问题、采取的主要方法手段、采用的管理平台以及典型案例等方面进行提炼；其次，在理论、理念、模式、机制、体系、方法、手段、制度、标准、流程等方面对创新点进行提炼，通过提炼进行概述。

三、企业简介

企业简介主要反映企业的总体状况（300 ~ 500字），包含企业所属行业、地区和产权性质，主要业务、规模、效益及行业地位等内容。一般来说，企业简介可以用一个格式表示：企业全称+简称+业务范围+产权结构+规模效益指标+员工+有关企业荣誉等。

四、实施背景

实施背景主要介绍成果实施当时（特定时间点或时间段）企业所面临的主要问题和内外部环境或条件的变化，反映企业开展管理创新的必要性、迫切性以及要达到的目标；介绍实施本项目的原因和目的，即为什么要实施本项管理创新。企业管理始终会面临各种问题，当现有的管理理念、组织、模式或方法无法解决管理实践中的问题时，管理创新便成为必然。

企业所处环境包括宏观环境、中观环境以及企业内部微观环境。①宏观环境：国家政策要求、经济社会发展、行业要求；②中观环境：上级要求、战略目标选择（行业要求）；③微观环境：企业目前所处领域的管理现状，存在的不足。

五、主要做法

主要做法是，成果主报告的核心内容一般要分为若干条（5~8条）展开阐述，即针对背景部分分析存在的管理问题，通过哪些创新性的实践措施予以解决。主要做法部分的框架要符合基本的管理学逻辑，条目要有针对性和操作性，可适当举例。为实施本项管理创新而提供的人力、财力、物力等支撑保障内容可适当压缩。主要做法的字数应占到主报告的70%。

在一个管理创新项目的实施过程中，企业有很多从点到面的具体事项，以及与其相关的工作事项，尤其选题较大的创新项目，实施过程和内容繁杂。那么，我们如何有针对性地选择内容庞杂的素材呢？一是根据立项确定目标和项目的主题，区分反映主题的创新方法和事项；二是从能够反映主题的方法和事项中，再选择与管理创新诸多方面对应确定保留的创新方法与事项，即看哪些素材能够突出表达我们要反映的理念理论、管理组织创新、管理制度创新、管理方法创新、管理技术创新和管理模式创新等。

1.主要做法的内容

主要做法内容一般分为：指导思想、基本原则，总体部署、规划方案、实施计划，组织模式、责任分工，实施过程与反馈（步骤、阶段、重要事件等），标准、制度、工作流程，所遇问题、困难、矛盾及解决方案，典型实例，工作保障，等等。

2.主要做法撰写要求

（1）突出重点，解决难点，反映亮点。

（2）要求全面系统、逻辑严密、层次分明、条理清晰。突出工作重点、特点做法。

（3）要求章节加小标题，标题反映创新做法。

（4）切忌对专业、技术及管理等观点进行论证，注意科技创新与管理创新的区别。

对于综合性项目，要全面总结各项工作，但突出重点（如前介绍内容）；对于专业性项目，不仅可以针对一个体系、机制、平台、方法、工具的应用等进行总结，分为基本思路或方案研究确定、方法工具的应用、措施的组织实施、研究成果总结与推广等，也可以按先后阶段性工作分步骤进行总结。

3. 创新点的提炼

创新点的总结提炼是成果报告的重要工作。

（1）按照问题导向原则。对企业管理现状和问题进行分析解剖，发现问题症结所在，循着问题线索在执行新方案、新制度、新标准、新方法、新措施过程中解决问题，从而降低企业风险或成本，提高管理效率或经济效益等，按照问题导向提炼出发挥作用的关键做法和创新要素。

（2）按照目标导向原则。实行新的管理创新工作，其目的是使企业在更高水平、更高质量层面发挥作用，创造价值。或是理论方法应用，或是学习引进，或是自我改进提升，无论哪种管理创新项目，都要设置工作目标，通过项目方案的管理实践工作，检查和分析是否达到了设定的预期目标，如果已经按设定目标实现了效果，就说明创新工作的成功；同时，分析具体的分项目标完成结果，并对创新内容、创新要点和特色加以整理、总结和提炼。

六、实施效果

主要介绍通过实施本项管理创新工作企业所发生的显著变化，包括管理能力和管理水平的提升，经济效益、社会效益、生态效益的提高。

1. 实施效果主要内容

（1）管理效益是指创新项目提升了企业管理效率、管理水平等，包括管理方式、能力、模式等。

（2）经济效益是指创新项目为企业创造的经济价值，包括增加的产值、收入、利润等，或降本、降耗等。

（3）生态效益是指创新项目实现了包括节能、节水、减排、降耗等生态价值。

（4）社会效益是指创新项目对企业社会效益的提升，包括信誉度、知名度、满意度等。

2.实施效果撰写要求

（1）应当与成果实施背景、主要做法在逻辑上具有一致性。

（2）避免夸大实施效果，对于无直接效益的成果，可以在对企业综合经济效益总结时适当反映，也可以结合定量的（可以用财务指标衡量）与定性的（不同层级的奖励、成果被其他单位推广应用、被媒体宣传报道等）效果综合体现。

第二节　主报告文字要求

主要报告文字要求如下。

（1）主报告应控制在8000~12000字。主报告一般采用企业简称，不要用“我们”“我厂”“我公司”等简称。

（2）主报告在表述方式上应与一般的工作总结、经验介绍、学术论文和新闻报道有较大区别，要围绕主题，突出创新点，不要面面俱到。管理创新成果来源于实践，要结合企业管理基本原理对创新活动进行理论阐述，反映出企业管理领域的一定规律，具有科学性、系统性和可操作性。

（3）主报告文字表述要科学、准确、清楚、朴素，各项表格、数据、计量单位等要按照标准编排，对专业性强的技术或专门术语要做出解释。报告中可附以必要的实例、数据、图标。

（4）主报告层次不宜太多，尽量不要超过“一、”“(一)”“1.”“(1)”四级。图表尽量选用现实状态，过去状态可以用文字介绍。

第八章

管理创新推广成果报告的撰写

第一节　主报告撰写要求

管理创新推广成果报告应围绕成果背景、成果推广经验总结、推广后取得了哪些变化及经济、社会效益来撰写。报告原则上由题目、摘要、企业简介和正文（背景、主要做法和实施效果）等部分组成。

管理创新推广成果报告的撰写要求基本上与管理创新示范成果报告一致。不同之处主要体现在摘要、背景和主要做法上。

1. 摘要

摘要高度概括、提炼成果推广工作的特色、各项做法的核心内容，形成深化后的成果摘要/内涵。在推广报告中，要阐明本推广项目所学习借鉴的原创新成果是由谁创造，主要方法或机制、模式，主要创新经验。

2. 背景

背景主要结合管理创新成果，分析当前在推广应用方面面临的问题，以及内外部环境或条件的变化对成果深化研究、推广应用提出的新要求，反映开展管理创新成果转化应用的必要性，明确成果转化应用的载体、范围、领域及所要达到的目标。

3. 主要做法

主要做法应结合本单位实际情况，重点论述推广过程中所遇到的难点问题、解决问题的基本思路、采取的具体措施及在原成果基础上有何创新等，可适当举例。推广报告中的每项做法应说明对原成果主要做法是如何进行学习借鉴的；项目在本企业推广应用过程中，有哪些经验值得借鉴并具备复制的条件，哪些不具备实施条件；通过研究和探索，在方法、手段、流程等方面进行了哪些创新或其他方面进行了哪些创新实践。

4. 实施效果

实施效果主要介绍通过实施管理创新成果推广应用所取得的各项效益，发生的显著变化，既包括管理效益，如管理水平、模式、方法、手段等，也包括经济效益、社会效益等。

第二节 主报告文字要求

主报告文字要求如下。

（1）主报告应控制在10000~11000字。主报告一般采用企业简称，不要用“我们”“我厂”“我公司”等简称。

（2）报告要围绕主题，突出创新点，要结合企业管理基本原理进行阐述，突出实践性、可操作性。

（3）主报告文字表述要科学、准确、清楚、朴素，各项表格、数据、计量单位等要按照标准编排，对专业性强的技术或专门术语要做出解释。报告中可附以必要的实例、数据、图标，对于推广过程中形成制度、标准、文件等可作为附件。

（4）主报告层次不宜太多，尽量不要超过“一、”“(一)”“1.”“(1)”四级。图表尽量选用现实状态，过去状态可以用文字介绍。

第九章

管理创新论文的撰写

一、企业管理创新论文特点

管理创新论文既是探讨问题进行管理创新研究的一种手段，又是描述管理创新研究成果进行管理创新交流的一种工具。一般而言，它的写作目的有两个：一是价值体现，将研究成果转化为论文，既体现成果的高质量，也使个人科研能力得到训练。提高工作效率、推广工作经验、推动行业发展。二是能力提升，撰写管理创新论文也是个人、团队总结工作、提升能力的有效方式。

（一）管理创新论文的特性

1. 科学性

科学性是一切管理创新论文的灵魂和生命。掌握科学的方法，善于运用比较和分类、分析与综合、归纳与演绎、抽象与具体、移植与开拓等逻辑思维方法，发挥创造性思维的功能。在表述上，始终保持概念的统一性，论据的真实性、典型性，完整统一、首尾圆合、通篇一贯，根据不同内容、不同体裁选择恰当的表达方式。一篇论文只能论述一个主题，不能枝蔓丛生。文中使用的专用名词、术语，对其语义上的内涵和外延有正确全面的释义，切不可望文生义，妄加解释。

2. 创造性

创造性是衡量管理创新论文价值的根本标准。管理创新研究是处理已知信息、获取新信息的一种创造性精神劳动，需要不断地开拓新的领域，探索新的方法，阐发新的理论，提出新的见解。表述管理创新成果的论文，贵在创新。创新性越大，学术价值就越高；创新性越小，学术价值就越低。如果没有一点创新性，就根本没有必要写管理创新论文。这里的创新是指在专业研究范围内有真知灼见，独到的观点和做法。

3. 理论性

一是思维理论性。概念、判断、分析、归纳、推理，深刻认识研究对象的本质和规律。二是结论理论性。在充分的事实归纳上，高度概括其本质和规律，使之升华为理论。三是表达论证性。对结论展开逻辑的、精密的论证，达到无懈可击、不容置疑。

4. 价值性

一是管理理论能够有效地解决企业存在的问题，产生实际价值；二是管理创新成果可以推广至同行业，产生推广价值。

5. 规范性

用专业语言描述、推导、论证学术问题。从管理创新论文的写作格式到名词术语、图形符号，都有其固定的范式。从当前情况来看，这些格式基本上趋向于统一，趋向于规范化、标准化。

（二）管理创新论文的写作要求

管理创新论文的写作要求包括以下几点。

（1）忌纸上谈兵。企业管理实践与科学理论、方法有机结合。

（2）忌假大空。总结提炼新观点、新方法和新内涵（论点）。

（3）忌东拉西扯。围绕“提出问题——分析问题——解决问题”的论证思路。

（4）忌炒冷饭。论文选题要切合本行业热点。

（5）忌长篇大论、格式混乱。论文篇幅应符合字数要求，格式要统一。

（6）忌丢三落四。论文的标题、作者、单位、摘要、引言、正文、结语、参考材料八个部分要完整。

（7）忌啰啰唆唆。论文摘要、引言、正文等要求语言精准简练。

（8）不反对借鉴。论文作者对文章原创性负责，严禁抄袭。

二、企业管理创新论文的撰写

企业管理创新论文内容的撰写，既不同于一般的工作总结、经验介绍、新闻报道，也不同于学术论文，它反映的是企业管理实践与管理科学理论、方法的有机结合，总结提炼的是新观点、新方法、新内涵（论点）。要围绕提出问题、分析问题、解决问题的思路对论点加以论证；或者围绕论点，提出主旨的依据（为什么），对主旨内涵进行解读（是什么），阐释主旨具备的新要素（做什么）。观点性论文不要求有实践性和价值性，引用专业文献资料需注明出处。

第一，论文字数不超过4000字，如有图表、照片等内容，篇幅不超过4300字符。采用Word格式，标题为华文中宋2号字，内文为仿宋3号字，一倍行距。申报论文署名限2人，内文标题下方注明作者和单位。论文推荐汇总表署名顺序应与文本署名一致。

第二，论文原则上由题目、作者和作者单位、摘要、正文、参考书目等部分组成。

（1）题目。简明扼要，鲜明地反映论文的观点，题目中尽量避免本企业名称及字母缩写等字样（华文中宋2号，限20字以内）。

（2）摘要。突出论文主旨，强调创新性（仿宋3号，100字左右）。

（3）引言。论文理论和事实依据（仿宋3号，300字左右）。

（4）正文。写法一：论文的论点鲜明，言简意赅，充分反映创新点；论据翔实充分、层层深入，具有较强的操作性；论证要求精准、有力。写法二：回应主旨内涵，详细阐述，如范文，提出论点，明确论点内涵及实现方法（仿宋3号，3000字左右）。

（5）结语。发展展望或者完善意见与建议（仿宋3号，100字左右）。

第三，论文作者对论文的原创真实性负责。

三、企业管理创新论文评审

管理创新论文审核一般采用“三审制”，重点审核论文的格式（规范性）与质量（创新性、学术性等）。

1. 初审

一般由编辑部初审，主要按期刊宗旨及审稿标准，审核论文的格式规范性、内容方向、论文质量与字数等内容。

2. 复审

复审为关键环节。一般由期刊编辑或编委会审核，主要审核文章的内容细节、逻辑结构等，重点判断文章有无创新内容、有无方法论，是否具备学术意义，等等。

3. 外审（部分）

外审即同行评议，一般核心期刊均设置此环节。

4. 终审

终审一般由期刊主编负责，主要审核文字内容、质量，并进行排版设计等。

案例篇

第十章

示范项目优秀成果报告案例

以提升优质服务能力为目标的电费业务省级统一管理[1]

该案例荣获2020年第二十七届全国企业管理现代化创新成果二等奖，由国网内蒙古东部电力有限公司完成。

专家点评

该创新项目的主题选择和文字表述都非常好，原因有两个：一是从选题上来看，立足本企业实际。本项目从企业实际问题和需求出发，解决自身管理中的短板问题，实现电费业务省级统一管理。问题导向的创新案例才是有价值的创新案例。二是从文字上来看，标题文字精练准确，客观实在。电费统一管理的问题本质上还是企业内部管理绩效和管理效率的问题，但从优质服务的角度出发，就体现了以客户为中心的意识。本案例在选题的导向性、报告结构的完整性、论证逻辑的规范性方面，都可作为参考的范本。

为提升该案例或类似基于企业自身实际开展的管理创新案例在国家级评审中的竞争力，可以从两个角度进行报告的优化提升：一是强化管理创新的理论性。比如，在省级统一电费管理的概念基础上，强化电费

评析1

该创新项目的主题选择和文字表述都是非常好的，原因有两个。

一是从选题上来看，立足本企业实际。客观地说，电费业务省级统一管理在国家电网绝大多数省级公司都早已实现，但该项目从本企业存在的问题出发，解决自身管理中存在的短板问题，这就是一个好的企业管理创新主题。

二是从文字上来看，标题文字精练准确，客观实在。电费统一管理的问题本质上还是企业内部管理绩效和管理效率的问题，但从优质服务的角度出发，就体现了以客户为中心的意识。

和营销服务的精益化管理理念，用精益化管理的理论框架对该案例进行重新包装。另外，本案例中还可以用到戴明循环提升理论、复盘理论、KPI核心指标理论进行阶段性后评价等。二是强化企业管理基础的个性化。每个管理案例都有其产生的创造环境和基础条件，不是只有管理水平高的企业实施的管理创新才有价值。报告中可以通过纵向（企业自身）和横向（业内同行）两个维度进行比较，说明企业发展的现状和管理基础，凸显创新成果的实际应用价值。

国网内蒙古东部电力有限公司（以下简称国网蒙东电力）是国家电网有限公司成立时间最短的省级电网公司，于2009年6月正式组建。主要负责内蒙古东部赤峰、通辽、兴安、呼伦贝尔四盟市电网的规划建设、运营管理等工作，承担着内蒙古境内特高压及配套工程的前期协调、建设管理、运行维护等任务，供电面积47万平方千米（占内蒙古总面积的40%），供电人口1160万人（占内蒙古总人口的50%），服务客户629万户，资产总额489.7亿元，全口径用工2.4万人，其中长期职工1.4万人。国网蒙东电力拥有66千伏及以上变电（换流）站687座、变电（换流）容量9892万千伏安、线路43277千米。2019年售电量完成334.9亿千瓦时，销售收入215亿元。经过十年建设，国网蒙东电力形成以扎鲁特—青州特高压直流为核心、

500千伏电网汇流为基础的骨干网架，220千伏电网县域全覆盖、110（66）千伏电网链式环网与辐射性相配合的高效供电网络基本建成。国网蒙东电力坚持以客户为中心，构建现代服务体系下的电费核算省级管理，国网系统内成立首家供电服务监管与支持中心，建设智能化的省级电费集中管理平台，积极应对自治区政府各项电价政策性调整，全面助力地区经济社会可持续发展，先后获得国家电网公司文明单位、内蒙古自治区文明单位、自治区五一劳动奖状，以及自治区“最具社会责任感企业”“百佳诚信企业”等荣誉称号。[2]

评析2

本案例公司简介略显冗长，控制在300字以内即可，基础且专业的数据可以不写。一般情况下，也不建议在公司简介部分介绍项目背景和举措，受篇幅限制表达不清反而容易造成误导。

一、以提升优质服务能力为目标的电费业务省级统一管理实施背景[3]

评析3

示范项目的实施背景，主要解决为什么创作此管理创新项目的问题。从历年获奖案例来看，背景一般分为三点呈现，字数约占报告的15%，逻辑关系一般是从大到小阐述必要性，或从不同视角分析某个问题。本文采用的是宏观—中观—微观的逻辑关系。

企业管理创新报告中背景的分析非常重要，像这种解决问题类的管理创新，首先就要把存在的问题分析透彻，然后主要做法紧紧围绕问题展开，最后的实施成效部分则紧紧围绕做法逐项展开，同时回应前面的背景中的问题，逻辑论证层层递进。

因此，如果开始的问题部分分析不深不透，虚头巴脑不着边际，后面的内容就没有着力点。

（一）贯彻“人民电业为人民”的企业宗旨，提升供电服务水平的要求[4]

习近平总书记提出“四个革命、一个合作”的能源战略思想，以一流服务做好电力先行官、架起党联系群众的连心桥，对电网企业服务保障能力提出更高的要求。随着“大云移物智”互联网等新技术快速发展，电力客户对服务便捷性、互动性提出新要求。国网蒙东电力树立“客户需求无小事，优质服务无止境”的服务理念，加快构建“以客户为中心”的现代服务体系，提升供电服务产品质量，让客户快用电、用好电。

（二）主动承担中央企业社会责任，推动地区经济发展的客观需求[5]

内蒙古作为能源基地，电能产出“供大于求”，需要解决能源外送和本地消纳等问题，建立市场化和高效率的新型结算体系。作为提供基础能源服务的责任中央企业，国网蒙东电力主动承担保障地区重大工程项目电能供应服务，同时给予地区一般工商业企业电价优惠，降低小微企业用电成本，新冠疫情期间缓收经营困难的中小企业及居民电费，全面助力地区经济社会可持续发展。但客观上还存在响应速度不及时、政策落地慢、执行效率低等问题。因此，需要对现有的供电服务管理模式进行变革，由省级集约化管理取代原有的分散型管理，建立和完善标准化体系，建设智能化的省级电费集中管理平台，及时响应电价政策调整，缓解企业经营压力，助力企业复工复产。

（三）转变传统供电服务方式，提升优质服务能力的迫切需要[6]

电费是客户缴纳用电费用的重要依据，也是电网企业经营发展的重要收入来源。国网蒙东电力在电费管理上以往采用传统的分散管理方式，抄核收业务管理方式不统一，无法形成完整的业务链。存在主要问题有：电费资金管控不到位，电费账务按市、县公司设置账套，省级没有设置辅助账，电费资金管控不到位；营销账务管理不规范，营销财务一套总账，营销系统电费账务没有开发明细账，记总账后将凭证推送

> **评析4**
>
> 宏观背景部分将高度提升到“人民电业为人民”的企业宗旨，落脚于供电服务质量的提升，这就让企业内部的一项业务创新变革提升到了政治高度。宏观背景切入点很好，直接击中本案例创新的价值所在，但表述上立于宏观角度，泛泛而谈，这是背景写作中经常出现的问题。建议将重点放在“数字化时代如何满足电力客户对服务便捷性、互动性的要求”上。

> **评析5**
>
> 这段立意点很好，将高度拉到中央企业社会责任和推动地区经济发展上，有点石成金的效果，值得借鉴。这段得分点在前两句话，写得漂亮。只是在具体内容的分析上，应该围绕建立新型结算体系展开，注意内容聚焦和逻辑自洽，将二者的关联性分析到位。

> 评析6
>
> 第三条背景分析是本创新报告的亮点，从专业上扣住了主题，把企业电费管理的现状、存在问题、问题的根源都进行了深入分析。作为解决问题为导向的企业管理创新案例，除了要有理论高度外，在专业上也要把存在的问题和问题背后的根源讲清楚。

> 评析7
>
> 内涵和主要做法是通篇报告的核心内容，主要讲"是什么"和"怎么做"的问题。最新报告撰写要求已经把内涵提到主体报告之前，并更名为摘要（概要）。摘要部分非常重要，一般字数在400字左右，写法是总分结构，总的要求即俗称的管理顶层设计，然后把具体做法用连接词连接，最后要写清楚成效。
>
> 内涵是评审必看点，也是采分点。该案例内涵撰写的逻辑清晰，言简意赅，内容规范严谨。这里需特别注意的是内涵后的关系图。关系图从功能上应起支撑内

财务管控系统，管理模式不规范；电费账号多，资金归集慢；电费清分不准确，电费清分主要是人工清分，不明款多，清分不准确。各盟市供电公司配备电费核算人员累计129人，电费核算智能化水平较低，存在人工干预较多的问题，核算工作质效无法得到有效保证。自动化抄表业务数据质量不高，用电数据准确性有待提高；标准化作业覆盖程度低，电费差错时有发生。因此，迫切需要开展电费业务省级统一管理，提升优质服务能力，提高电费核算准确率和工作效率，提升电费业务监管和服务水平。

从2019年1月开始，国网蒙东电力针对上述情况，开展以提升优质服务能力为目标的电费业务省级统一管理的创新与实践。

二、以提升优质服务能力为目标的电费业务省级统一管理内涵和主要做法[7]

国网蒙东电力坚持以客户为中心，依据现代服务体系建设框架，开展顶层设计，明确总体思路和变革路径；以"抄表自动化、核算智能化、业务流程化、作业标准化、协同工单化、管理信息化"为目标。构建电费省级统一核算管理体系，实现分散型转变为省级集中管理变革，提升优质服务能力；建设智能化的省级电费集中管理平台，推动核算转型升级；建立电费抄核收标准化管理，明确专业工作质量要求；实施

电费统一自动发行集中管控，简化电费发行流程，实现电费无人工干预自动发行，突出供电服务监管职责；统筹规划分步分类推进电费省级统一核算管理，逐步分类推进电费抄核收业务集中；建立客户档案治理长效机制，保障电费省级统一发行。通过构建以提升优质服务能力为目标的电费业务省级统一管理，提升企业精益化管理水平，有力促进地方经济社会可持续发展，如图10-1所示。

图10-1　电费业务省级统一管理架构

主要做法如下。[8]

（一）开展顶层设计，明确总体思路和变革路径

国网蒙东电力按照现代服务体系建设要求，成立以公司总经理助理为组长的电费核算发行省级统一管理工作领导小组。开展电费核算发行省级分步、分类集中工作，建立周汇报、月总结等例会制度，推进公司电费核算省级统一管理，实现电费抄核收管理一体化。[9]

涵、解释说明的作用，但在评审时却常成为广遭专家诟病的地方。关系图的应用是一把"双刃剑"，确实能体现案例内涵、有助于专家理解的可以加分，但大多数图不能完整体现内涵或者体现的逻辑关系不严密，就会是一个败笔。本案例内涵架构图设计很清晰，基本上表达了构建电费省级统一核算管理体系，属于加分图。

评析8

主要做法是全篇的重点。本案例重点解决电费业务省级如何实现统一管理，逻辑结构为总分结构，总重在解决工作思路、目标和原则等大的方向问题，分重在阐述具体举措。本案例主要做法言之有物，内容翔实，一看就是真抓实干的项目，而非空谈感念，这也是本案例在"常青"的土壤上结出硕果的关键所在（"常青"是不容易获奖的选题）。

评析9

本段是帽檐写法，国家电网公司示范项目要求要写，但国家级项目一般不提倡写，主要考虑整体逻辑关系，把握不好会重复表述，建议直接分三级标题表述更好。

1.明确总体思路，推进电费省级集中管理

按照国网蒙东电力现代供电服务体系建设总体要求，着力优化升级电费抄核收业务，推进电费账务智能化、电费业务管理省级集中。完善调整业务规则，优化改造信息系统，推进电费账务智能化。实现电费账务自动化，电费收入自动清分、自动销根、自动对账，2020年年末实现营销账务省级集中。

2.制订里程碑计划，明确工作目标

编制国网蒙东电力电费核算省级统一管理工作方案，明确各阶段重点工作内容。将工作划分为三个阶段：业务集中前期调研、统一管理方式和分步分类实施业务统一管理。确定五项重点工作内容：业务前期调研、制度标准修编、系统功能升级、档案数据治理、分步分类集中。明确公司营销部、供电服务监管中心、盟市供电公司工作职责，确定11项重点工作及其完成时限。

明确工作目标，实施“六化”管理。推动采集、档案数据治理、非智能表轮换、营配调数据有效贯通，智能表覆盖率、采集[10]接入率达到100%，台区总表、低压客户日均采集率分别完成99%、98%以上，实现全域抄表自动化。优化电量核算和电费审核规则库，开展营销业务应用系统适应性功能调整，通过信息化手段支撑电费核算发行等主要业务处理智能化、自动化，实现核算智能化。建立贯通一线、前端、中台、后台的现代服务体系，以核算发行为源端，健全贯穿

评析10

应注意语言表达和提炼能力。比如“1.明确总体思路，推进电费省级集中管理”，按照这个结构，本段小标题可改为“2.明确工作目标，开展阶段重点工作”；同时，行文时应注意量词的使用，比如“三个阶段”，文中很难看出阶段的痕迹。量词也是专家容易关注的点，应慎用，若用了就要有分解，前后逻辑要一致。

采集运维、表计轮换、故障表处理、抄表管理、异常处理的业务流程，实现业务流程化。推进供电服务监管中心、供电服务指挥中心、县公司抄核收及支撑专业的标准化管理，制定覆盖抄核收、采集管理、计量管理等业务的标准化作业指导书，实现作业标准化。推进电费省级直收，建立“一省一行一户”体系，扩大智能交费作业覆盖范围，搭建银营财三方自动对账的信息化管理体系，实现管理信息化。

3.集中专业优势力量，建立协同工作机制

围绕电费核算发行省级集中工作，按照“管办分离、专业审核、现场处理”的原则，对抄表、采集、计量等异常问题实行协同工单管理机制，实现协同工单化。集中公司范围内的相关专家人才资源，建立专业协同工作机制，组建电费核算发行省级统一管理专业管控领导小组，共设立六个专业组，分别负责开展电费核算发行省级统一管理业务方式调整、档案数据治理、制度流程修编、系统适应性调整等业务；同时纵向推动在下一级市公司层面电费核算发行统一管理工作，形成可复制、可推广的典型经验，促进电费核算工作横向协同，纵向贯通。

（二）实施分散型变为省级集中管理变革，提升电费管理水平[11]

国网蒙东电力坚持以客户为中心，深化现代供电服务体系建设，从组织体系上不断推进电费省级集中管理工作进程。2019年5月，国网蒙东电力在国内电

评析11

此小标题的表述太豪横，这个表述一般内文不好驾驭，建议改为“建立分散型省级集中管理转型，提升……”。此外，文中多次提到现代服务体系建设，建议在背景中增加对现代供电服务体系内涵和外延的解释，后面使用就会更清晰。

网企业率先组建供电服务监管中心，围绕客户需求，整合原客户服务中心、计量中心职能，履行供电服务监管、电费核算账务、计量器具检定配送、计量电量数据、营销稽查、营销技术支持和用能技术的“七中心”工作职能，构建现代供电服务组织体系，提高供电服务效能，产出优质服务产品，提升电费管理水平。

按照现代供电服务体系建设要求，明确公司营销部、供电服务监管中心、盟市公司、旗县公司工作职责，优化业务流程和业务界面。按照“实一线、强前端、通中台、大后台”的建设体系，推进营配班组融合，打造全责全能型供电所，开展区块化、网格化管理方式。建立贯通供电服务监管中心、供电服务指挥中心、盟市供电公司前端的业务链，建立电费核算发行审核、审批的业务处理流程，实现管理对接、业务对接、流程闭环。

评析12

本段是通篇案例的重点和难点，是能否实现省级电费业务集中管控的技术载体，也是本案例创新点所在。从采集、传输、抄核、收集校验四个维度建立智能化集中管控平台，逻辑严谨。若能选取一个领域详细展开会更鲜活。建议使用通俗的语言表达专业性较强的技术内容，确保管理类专家能够读懂。

（三）建设智能化的省级电费集中管理平台，推动核算转型升级[12]

国网蒙东电力运用新一代智能物联技术及大数据技术建立省级电费集中管理平台，包括对传统电表的智能化改造提升末端数据采集能力，升级用电采集系统的网络通道和主站系统提高数据传输质量，对原有营销系统进行适应性调整，构建一体化电费抄核收管理系统，从而实现集末端采集、传输、计算、发行和校验于一体的省级电费集中管控。

1.加快智能电表改造，提升电量数据高频采集能力

智能电表是电量末端采集的数据源，针对公司现场运行采集装置厂商多、技术标准不统一、软件版本混杂等问题，营销部牵头组织监管中心、盟市公司、采集系统及设备厂商编制公司电能表与采集终端设备技术规范，形成公司企业级标准并发布，规范现场设备技术参数；营销部组织持续优化采集主站性能，灵活配置高频采集任务，全面提升全量数据一次采集成功率；供电服务监管中心集中开展集中器软件升级与参数校核工作，停（上）电事件上报成功率提升至90%以上，上传时延大幅降低。开展专业间协同建设，提升本地电表通信能力，推广应用HPLC通信单元88.55万个，进一步提升采集、费控成功率。加强对业扩新增客户计量方案的审查和验收，确保三供一业、煤改电、分布式电源、临时用电和台区改造等项目的智能电能表和采集覆盖率达到100%。2020年智能电表改造后电量数据采集频率提升4倍，电量数据采集量提升85个百分点。

2.升级用电信息采集系统，提升电量数据传输质量

为满足省级电量数据集中的需要，对原用电信息采集系统主站进行全面升级改造。开展用电信息采集系统易地搬迁改造工程，完成新主站的程序开发测试，并在呼和浩特本部机房部署完毕，配合开展3轮APN切割演练，实现新采集主站上线运行，抄表及数据分析整理时间由3小时缩短至40分钟。开展采集通信信

道同步建设，推进系统变电站光纤采集进度，光纤采集覆盖率实现74.12%；开展系统变电站光纤+4G或5G双通道采集试点，进一步提升关口采集成功率。推进公网信道向4G及5G转换，提升远程通信能力，购置安装无线通信单元7.8万个，实现公变台区4G及5G通信基本全覆盖。加强无公网信号地区采集建设，购置安装中压载波装置534套，提升采集覆盖率约5.1%。认真梳理各单位需求，应用4G及5G通信技术、无线信号延长技术、中压载波技术，解决个别公网信号弱、无公网信号计量点采集覆盖问题46项，数据采集传输质量提升54%。

3.开展营销系统适应性调整，构建一体化电费抄核收管理系统

电费抄核收管理系统是省级电费集中管理平台的重要功能模块，国网蒙东电力在原有的营销业务系统中剥离出核算管理业务，并增加抄核功能，从而构建一体化的电费抄核收管理系统。业务功能包括档案增量同步、采集数据接入、电量电费计算、电量电费审核、结算电费发行、政策性调整、账单数据服务、智能分析及辅助决策等，对外通过统一服务平台进行交互，实现数据在异构系统及模块中双向安全交互。系统整体架构采用分布式存储和流式计算等技术实现电费抄核收业务，在业务上打破过去电量电费计算对于数据准备过程的依赖，系统在接收到采集数据后，用实时档案在线进行电量电费计算，批量业务计算速度达到每秒计算5000户，批量业务受理界面响应速度小于5秒。

基于新的架构对电费关键算法进行重构，在算法逻辑上充分发挥分布式架构中的互斥性和幂等性等特性，业务上增加除按抄表段计算外的多种计算方式，一方面能够保证电量电费计算的事务一致性和准确性，同时大幅增强电量电费的计算效率；另一方面能够增强此次剥离出来的核算管理业务对市场化应用等其他智能化营销业务的兼容和支撑。同步重构新型电量电费审核方式，以大数据及机器学习为手段，实现电量电费智能审核。利用分布式存储和分布式计算平台，重新构造核算业务统计类功能的实现方式，能够更准确、快速且阶段性地对电量电费结果进行统计和分析。简单统计类响应时间小于10秒，复杂报表统计响应时间小于15秒。2020年累计完成5032万笔电费计算，算费准确率达到100%。

4.建立配电网络拓扑关系，开展海量电量数据校核

电费核算模型必须依赖配电网完备的拓扑关系。为实现配网资源及客户状态可视化、图形化，公司结合计量箱标签更换任务，校核营配基础数据，依据现场实际，共绘制配电线路接线图233幅，完善户变关系63.07万户，户线关系6863个，为1.43万用户及公用变压器采集GPS坐标，深入开展客户基础档案治理，累计稽查问题数据3.24万条，完成整改3.21万条，整改完成率达到99.07%，有效地保障了基础数据的准确性和配电线路拓扑关系的完整性。

建立企业级私有云平台，实现32颗虚拟CPU、256G内存的算力，采用HDFS分布式架构处理海量电量数据。编制数据逻辑性与业务合规性校核规则，建立营销计量、电费数据校核规则库，建立23类数据模块，形成系统化校核业务体系。基于海量数据与业务校核规则，开展数据常态化校核工作，2020年完成异常数据治理2225条，追溯异常数据源134项，做到发现一条、延伸一类、督查全公司整改成效，确保电量数据真实可靠，电费数据准确无误。

（四）建立电费抄核收统一标准化管理，明确专业工作质量[13]

评析13

建立统一的标准化管理体系很重要。标准化是电费实现省级统一管理的重要专业支撑，如果没有规范的标准化管理，就无法实现跨地区的统一管理。本段内容不仅概述了电费抄核收标准，还包括了岗位职责与流程标准、工作标准、电费抄核收管理标准等，三级标题提炼有点窄，可改为“建立统一标准……”。

为规范电费核算省级统一管理标准，由供电服务监管中心牵头，按照现代供电服务体系，重新划分电费核算相关业务工作界面，编制相关工作标准，实现供电服务监管中心、供电服务指挥中心、盟市供电公司、县公司等各层级的抄核收及支撑专业的标准化管理。

1.梳理电费业务关键点，编制作业指导书

按照现代服务体系组织架构、职责，梳理电费核算发行业务界面和流程，编制营销业务应用系统适应性调整功能需求，完成电费管理相关业务共计18个流程的系统内重构工作。规范电费核算及异常处理业务办理流程12项，梳理核算业务关键节点124个，明确具体工作内容及要求。新增标准化异常处理业务流程24项，制定营销业务应用系统具体操作步骤11类，编

制电费核算及异常处理作业指导书16个，作为供电服务监管中心相关岗位人员开展抄核收具体工作的指导文件。

2.明确抄核收岗位职责，编制岗位工作标准

明确抄核收岗位职责，按照不同岗位编制工作标准，规定岗位人员的职责与权限、工作内容与要求、检查与考核等内容，作为相关岗位人员开展业务的工作标准。强化采集运维，提升抄表质量，由供电服务监管中心牵头解决中间库数据推送和获取质量问题，按照盟市、旗县公司发布排名情况，盟市公司调配采集运维力量，重点解决抄表例日前后采集失败用户，提升闭环补抄时效性。规范抄表作业，严格审批管理，取消抄表示数复核节点，盟市公司按照抄表作业流程进行管控，不定期组织抄表质量检查。供电服务中心、县公司现场抄表需要提供现场抄表照片等影像资料。重构核算体系，实现分级管理，供电服务监管中心发挥大后台优势，实现无人工干预的智能核算、自动发行。盟市公司强化中台管理中枢职能，建立健全异常工单监控、督办和非政策退补审批管理机制。供电所作为核算作业前端，对电量电费异常进行现场核查与处理。

3.修编电费抄核收管理标准，突出供电服务监管中心管理职责

参考国家电网公司新版电费管理规定，根据公司电费业务省级统一管理要求，修编《电费抄核收管理标准》。明确电费抄核收管理的职责、管理活动的内容与方法、检查与考核、报告与记录等要求。标准中详细解释相关术语与定义，明确各层级、各部门关于电费抄核收管理职责，规定管理活动内容的执行标准，设定相关指标考核体系，完善业务报告及记录模板，重点对于因现代供电服务体系建设发生的机构及工作职能变化内容重新梳理。突出供电服务监管中心管理职责，负责配合省公司营销部开展电费抄核收工作质量的检查和管控工作，分步骤开展全省电力客户的电费抄表、核算和账务的省级集中工作提供技术支持，确保电量电费核算的各类数据及参数的完整性、准确性和安全性；负责电力客户表计集中采集的技术指导与支撑，确保采集成功率满足远程抄表需求。

评析14

作为业务变革的一项重要措施，实施电费统一自动发行集中管控，实现无人工干预发行。这项措施是业务流程再造，是大的管理创新中的一个局部的流程优化；同时建立持续改进制度，提升服务质量。

（五）实施电费统一自动发行集中管控，实现无人工干预发行[14]

国网蒙东电力始终致力于优化升级传统抄核收账业务，强化国网蒙东供电服务监管中心的服务监管能力，实施电费抄核收账全业务集中管控，最终实现电费“无人工干预”的新型结算模式，以便捷、精准、经济的电费结算服务让电力客户快用电、用好电。

1.分析采集数据质量，建立“三三四”运维体系

为提高采集成功率，提升采集示数数据质量，供电服务监管中心组织开展采集示数修改、采集失败原因逐户逐月分析，建立采集情况分析日报机制，总结发现采集示数修改和调整电量原因共计21项，常见采

集失败原因共计14项。结合上述问题，国网蒙东电力构建统一管理、分级监控、分级运维的“三三四”采集运维监管组织体系。其中，三级管理体系为公司营销部、盟市公司营销部、旗县公司营销部（计量室）；三级采集监控体系为供电服务监管中心、供电服务指挥中心、旗县公司计量室；四级采集运维体系为供电服务监管中心、供电服务指挥中心、供电服务中心、旗县公司计量室。建立无人工干预的采集数据管理工作机制，由采集系统自动完成计量信息采集、校核工作，通过系统研判保留有效数据，自动清除跳变、异动数据。未能实现自动采集与未能通过校核保留的数据均视为采集失败。针对采集失败的计量点，采取系统自动补抄、各级监控体系远程手动召测、各级运维体系现场手持设备抄读等方式完成数据采集入库工作，提升采集成功率，确保传输至应用层的数据真实有效。2020年自动化抄表核算比率完成99.52%，自动化抄表失败客户1.93万户，采取人工抄表0.02万户。

2.开展自动化抄表核算，简化电费发行流程

深挖采集数据资源，推广一日化抄表。依托全采集、全覆盖、集中核算优势，积极推广“一日抄表”发行（一个供电单位，从变电站关口到户表每月一天抄表发行）。重点解决抄表不同期线损波动问题，促进电费回收，整合人员、调整工作重点，加强采集运维、高损治理和客户服务等工作，确保电费管理指标平稳提升。实时监测采集异常情况，及时下派工单进行技术处理，加大采集运维技术投入和工作力度，不断提高采集成功率。当采集失败时，利用移动作业终端补抄，同时用电信息采集系统实现示数合理性校核，将示数质量校核工作前置，保证抄表数据的及时性、准确性。依托自动化抄表核算，简化电费发行流程，取消抄表示数复核功能，实现自动化抄表、自动化计算、自动化审核、自动化发行。

3.依托智能核算规则库，实现电费无人工干预自动发行

不断优化核算规则，建立智能核算规则库。由供电服务监管中心组织盟市公司工作人员、实施厂商专业人员研讨核算规则，统一四盟市核算规则库，删除原有规则123条，新增类9条，优化完善原有规则38条，初步形成共计63条的规则库，在运行期间不断优化完善，最终建立省级智能核算规则库。按照“事前、事中、事后”三位一体的原则在省级电费集中管理平台中新增智能核算作业模块（见图10-2）。首先在采集系统部署自动化抄表、电量异常核算规则，在营销系统业扩报装、变更环节部署信息强校验、典型供电方案及信息自动审核规则。在营销业务应用系统内增设业扩新装、变更电费试算功能，解决公司因变更业务导致人工审核数据量大的问题。按照“一类一策”实现按照用电类别、电压等级和计量点完成分层、多维的智能核算体系的部署。采用分布式存储和流式计算等新技术，将原有的抄表计划制订、抄表数据准备、抄表数据复核、电费发行等环节调整为后台自动处理，将自动计算速度提升至1000万户/小时；依托智能核算规则库，将原有集中处理的异常问题，实现分散化、差异化治理，确保电量电费信息更加准确并及时发行。

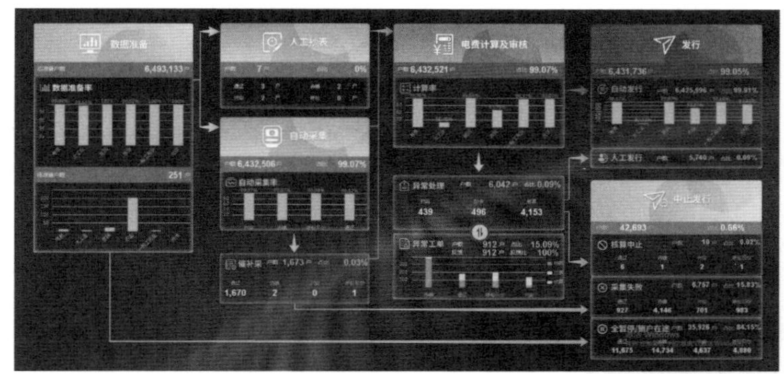

图10-2　电费核算监控界面

4.编制省级电费发行分析报告，持续改进提升

为加强电费业务质量管控，编制电费核算发行分析报告、手工抄表专题分析报告，梳理电费核算省级集中发行过程中存在的问题，分析制约电费自动化发行的各项因素。2020年累计梳理系统、价费负面清单144项，涉及智能核算规则提示信息不够精准、系统功能不完善、政策性调价分劈差错、中间库非例日数据等各类问题。以问题为导向，总结不能自动化抄表的原因，解决变电站计费关口需量不能采集、发电厂下网客户不能自动抄表、无功电量正反向取数规则错误等问题，自动抄表核算比率提升2.25%；完善智能核算规则14条，优化系统功能20项，高低压自动发行比率分别提升9.05%、1.25%。

评析15

制订业务变革实施的推进时间节点，按业务种类和地区分类分布落实，先行试点，然后逐步实现统一升级目标。这种不搞“一刀切”的方式，体现了业务变革的科学性和建设性。

（六）开展电费省级统一核算分类推进，实行逐步统一管理[15]

按照试点先行稳步推进的工作原则，按照客户用电类别划分，关注重点客户，分类推进业务集中。考虑国网蒙东各供电公司实际情况，制订省级试集中实施推进方案，实施电费业务省级统一管理试点工作，推进电费账务业务集中，提升电费账务管理自动化水平。

1.试点先行，逐步实施业务统一管理

按照试点先行、稳步推进的工作原则，考虑国网蒙东兴安供电公司客户数量少，优先实施省级管理方式的试点工作。广泛征求盟市公司意见，编制电费核算发行省级试集中实施方案，与相关专业人员细化重点任务清单，明确工作职责和业务界面。编制下发《电费核算发行暂行规定》，进一步明确自动化抄表，电量电费审核，低压客户智能核算、自动发行，应收电费关账等重点业务执行标准。以盟市公司为单位，抽调盟市公司的电费核算人员组成业务支持组，供电服务监管中心电费核算人员跟班交接工作，实现供电服务监管中心与盟市公司双轨核算发行，稳步推进电费核算省级统一管理工作，降低供电服务质量投诉风险。

2.先易后难，分类推进电费抄核收业务集中

按照客户用电类别划分，关注重点客户，分类推进业务集中。在第一阶段，营销业务应用系统具备低压客户智能化核算发行条件，按计划对兴安供电公司启动试点工作，实现低压客户自动化抄表、智能化核

算、自动化发行。与兴安供电公司、营销业务应用系统实施厂商制定应急预案，未引发电量电费突增造成客户投诉风险。对兴安供电公司及呼伦贝尔供电公司伊敏、新巴尔虎右旗公司低压客户开展自动发行试点：兴安供电公司自动发行户数68.76万户，自动发行占比89.02%；伊敏公司自动发行户数2.28万户，自动发行占比92.45%；新巴尔虎右旗公司自动发行户数2.21万户，自动发行占比97.22%。在第二阶段，营销业务应用系统具备高压客户智能化核算发行条件，随着档案数据信息准确性不断提升，业扩入口关标准不断提高，高压客户计量、价费档案信息愈加准确，按计划对兴安供电公司高压用户（除市场化、特殊算法用户）开展智能核算、自动发行试点，实现高压客户自动化抄表、智能化核算。为保证发行数据的准确性，实施系统智能化核算与人工核算双保险，及时校验智能化核算规则是否准确，保证电量、电费信息及时准确。在第三阶段，在兴安供电公司试点的基础上，完善高压用户智能核算规则库，完成四盟市公司除市场化、特殊高压用户智能核算、自动发行。

3.贯通“银电通道”，电费账务省级统一规范管理

遵循“顶层设计、创新驱动、分步实施”的原则，一体推进银电直连、省级账套、营财系统适应性调整工作。因各银行体制机制、管理模式不一致，为进一步强化与银行方的深度合作，国网蒙东电力高位推动，协调相关合作银行签署战略合作协议，统筹推进银电合作业务模式变革、日常业务衔接、新型业务拓展等工作。组织各合作银行、一体化平台、电力营销业务应用系统厂商研究推进“银电互联”业务，成功完成应用开发、接口开发和功能测试，一体化平台成功连接到工行服务器，与银行侧联调“订单推送”“流水信息传递”“电子回单传递”三个接口，最终顺利接入银行流水。实现各渠道缴费日结、解款信息与银行流水信息、电子回单之间的线上双向自动传递。

按照电费智能化建设要求，银行实时推送带有“解款编号”等清分标志的流水和电子回单信息，电费凭证与回单可以关联套打，完成现金坐收、第三方渠道、企业客户直存电费实时清分、自动销根和自动记账的工作目标；同时，上线运营电费账务省级账套，增加客户明细账，实现电费账目可溯源，满足多维度对账需要。开展余额差异清理工作，实现客户明细、营销总账、财务资金数据一致（见图10-3）。自动清分率达到96.35%。

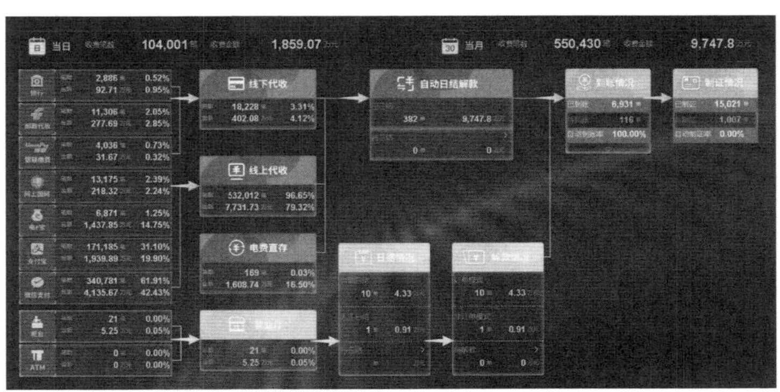

图 10-3　电费账务监控界面

4.梳理原有抄表例日，按类划分例日区间

国网蒙东电力原有远采集抄表段94441个，抄表器抄表段76个，手工抄表182个，其他类型抄表5个。抄表例日分布主要集中在5—15日，占全部户数的99.99%。其中低压客户602.93万户抄表例日集中在5—15日，分布占比99.99%；高压客户10.11万户抄表例日分布在5—15日，分布占比93.98%。在充分考虑盟市、旗县公司采集运维情况，供电服务监管中心核算人员日工作量以及营销业务应用系统载荷情况（低压客户自动发行）后，国网蒙东电力推行一日抄表，非市场化客户抄表例日按照地市公司调整到9日、10日、12日、14日，交易客户抄表例日统一为每月15日，国网蒙东供电服务监管中心按核算区间日发行，高、低压客户系统实现自动发行。

（七）建立客户档案治理工作长效机制，保障电费省级统一发行[16]

> 评析16
>
> 建立客户档案治理工作长效机制，保障电费省级发行。该项举措对应提升客户服务质量的总体目标，与背景分析相呼应。

客户档案管理是保证算费发行准确的一项基础性工作，开展客户档案信息治理专项工作。采用业扩流程典型设计，固化计量计费方案，实施数据信息强制校验，推动客户档案信息更加真实、完整、准确，为高质量开展电费核算发行业务提供精准的数据支撑。

1.坚持问题导向，开展档案治理专项工作

坚持问题导向，坚持合同制、实名制原则，全业务、全环节规范客户档案信息采录工作，通过细化责任分工、严格供用电合同管理、加大营销稽查及现场核查力度，认真开展存量客户档案治理专项工作，编制营销数据核查规则，按期下发专项治理任务。建立客户档案治理与数据质量提升的长效工作机制，常态化开展客户档案信息治理及客户档案信息核查工作，实现公司系统内客户档案信息治理全覆盖，确保全部客户、全量档案信息完整准确，并达到“三个一致”目标。2020年累计核查用户档案855万条，整改异常档案24.6万条，整改完成率100%。

2.严把增量入口，实施数据信息强制校验

调整营销业扩流程，组织相关系统项目组及各单位营销业务人员，研讨并制定客户档案数据合规性校验规则共计24条，并嵌入营销业务应用系统中，对不符合校验规则的信息禁止录入；对重要的客户档案信息，系统具备录入标准提示功能，以智能化手段确保客户档案信息规范录入、准确无误。

多措并举，规范客户档案信息录入。对档案基础信息实现标准地址、标准参数、标准型号规范化录入；完成蒙东地区电价标准表、变损标准表等优化，系统实现按用电性质、行业用电、用电类别、变压器型号、容量自动选择电价标准、力率考核和算费标准；改造计量方案，按照业扩方案编制导则、计量管理标准等要求，系统根据用电负荷、供电电源、计量方式自动生成计量方案。2020年公司修订客户档案13446项，新增客户档案信息完整率和准确率均达到100%。

3. 建立异常工单审核机制，实现档案业务线上管控

依托电费核算发行省级统一管理，电费审核过程实施异常工单管理。在电费核算发行过程中，由系统根据智能化规则库来判别发现客户档案及电量电费异常信息，经电费核算员审核校验后将相关异常问题触发工单下派至责任单位，供电所人员在反馈工单的同时完成客户档案异常问题的处理工作。依托电费异常工单管理，建立贯穿用户档案校核、采集运维、表计轮换、故障表处理、电费核算异常处理的业务流程，实现电费集中业务闭环管理，有力保障电费业务省级统一发行管理。

评析17

实施效果是衡量该项目是否为创新项目的标尺，这部分解决的是“干得怎么样”的问题，与背景部分是“答与问”的关系。本部分篇幅约占案例的15%，首先要回答微观问题，即电费业务省级统一管理实现了吗？效果如何？其次是经济效益、社会效益等。当然顺序也不是绝对的，可以依据案例的情况进行调整。从案例评选的角度出发，要首先抓采分点。这篇报告的采分点就是管理效益，即电费业务省级统一管控的成效。从整体上看这篇案例成效还是不错的，第一点提炼不够精准，但聚焦优质服务是否得到提升，用客户满意度作答，切入的视角不错。

三、以提升优质服务能力为目标的电费业务省级统一管理实施效果[17]

（一）服务社会效益彰显，客户满意率大幅提升

国网蒙东电力作为责任中央企业，主动履行服务社会责任，积极配合政府主管部门，利用省级电费统一管理的优势，推动蒙东地区电价改革。2019年协助大工业用电4672户全部进入电力交易市场，实施大工业倒阶梯输配电价，注册售电公司25家，年交易电量137.19亿千瓦时，市场化交易大工业客户平均单价480.08元/千千瓦时，同比下降11.85元/千千瓦时，有效降低客户用电成本。依托智能化规则库，可根据政策需求灵活调整电费计算模型，实现电费无人工干预

自动发行，2019年针对一般工商业再次降价，累计减少客户用电成本8亿元。疫情防控期间，按照自治区发展改革委要求，落实阶段性降低用电成本政策，非高耗能行业的一般工商业及大工业用户到户电价执行95%折扣，累计惠及客户60.23万户，直接减少客户用电成本16902.48万元，累计办理暂停（减容）8827户，容量234.92万千伏安，减免收取容（需）量电费657.51万元，有力地促进了地方企业复产复工，2020年国网蒙东电力售电量同比增长14.48%，反而实现逆势增长。依托电费核算省级集中的管理，国网蒙东电力各项客户服务指标均得到大幅提升，费清复电平均时长为7.87分钟，较国家电网公司要求缩短时间22.13分钟，供电可靠性完成99.82%，电压合格率完成97.75%，供电服务产品质量更加优秀，服务满意率大幅提升至99.94%。国网蒙东电力电费业务统一运营，640万用电客户受益，得到央视新闻、电网头条等媒体宣传报道，社会效益显著。

评析18

经济效益这部分有效运用了数字说话的手法，数据扎实，具有说服力；但是二级标题提炼不够精练，有待进一步提高。

（二）供电服务效率更高，提升了企业经济效益[18]

通过电费业务省级统一管理实践，将盟市供电公司电费核算职能上移至供电服务监管中心，实施电费核算省级集约化管理，营业厅坐收业务流程从10个环节减至5个环节，企业直存业务流程从10个环节减至2个环节，第三方代收业务流程从10个环节减至2个环节，从而有效压缩市县管理层级和业务链条，电费核算人员由129人减至20人，每年减少用工成本1300

余万元，发行周期由20天减至6天。通过抄核收业务集中管控，开展自动化抄表核算，简化电费发行流程，2019年10月全面实现高低压用户自动核算、自动发行，提前1个月完成省级集中任务，自动发行比率达到98.77%。月均通过线上缴费16.79亿元，设立省级银行一个账户，撤销了16个市级账户，提高了资金归集速度，电费归集时间缩短至0天，每年节省押运、票据打印费850余万元，实现降本增效。通过用户档案治理长效工作机制，为企业挽回跑冒滴漏，少损失电量3272.64万千瓦时，追补电量317.33万千瓦时，追补电费171.62万元，2020年累计为企业减少电费损失合计2341.30万元，经济效益显著。

（三）增强全省电费管控，提高了经营管理水平[19]

评析19

管理效益提炼略显保守，站在就事论事的视角，可再适度拔高。

构建电费业务省级统一管理是电网企业提质增效、建立自动化流水线、生产电力产品最后一个质量验收环节，确保满足量价费损质量要求。实施电费核算发行省级统一管理，通过新一代信息通信技术将人工抄表、电费审核升级为信息系统的自动化抄表、自动化审核、自动化发行，通过提高核算工作信息化程度，由系统后台提供强大信息支撑，减少人工干预，降低人工核算强度，降低电费差错率。国网蒙东电力全部客户的自动抄表转发行户数比率提升至99.75%，抄表数据100%实现自动化，自动发行比率完成99.06%，万户差错比率由2.11%降至0.31%，电费实现由事后监督转为实时管控，账务处理综合时长大幅缩减，工作效率提升80%以上，有效地提升了企业精益化管理水平。国网蒙东电力成为国家电网公司系统内首家实现电费账务省级统一管理的单位。

第十一章

推广项目优秀成果报告案例

基于“生命体”理念的班组建设“7S+”管理模式推广实践 [1]

评析1

从选题来看，该案例能够抓住原报告“生命体”的核心理念，巧妙地与班组建设“7S+”管理相结合，亮点突出。唯一的遗憾是“管理模式”用得有点大，好在“7S+”是一套成熟的管理模式，否则很难驾驭。此外，不建议在题目中使用“推广模式”之类的字词。

该案例荣获国家电网公司2020年度管理创新优秀推广成果，由国网浙江省电力有限公司台州供电公司完成。该推广案例原成果为国家电网公司2018年国家电网公司获奖成果《国家电网公司班组建设创新模式探索与实践》。

专家点评

要写好一篇管理创新推广成果报告，一方面，要掌握企业管理创新示范项目和推广项目在写法上的区别与联系。按照国家电网公司“两大工程”要求，示范项目获奖是推广项目的前提，推广项目是示范项目的深化和应用。推广项目分为内部推广和外部推广两种。推广单位既可以选择项目整体推广，也可以局部推广，推广范围和所选择推广示范项目的获奖时间均没有严格限制。从成果报告整体结构来看，示范项目是“为什么创新+怎么做创新+做得怎么样”，而推广项目是“为什么推广+怎么推广+推广后效果如何”；从成果内容来看，示范项目是基于企业管理实践总结提炼的管理思想、管理机制、管理方法、管理工具等在企业管理实践中应用，并且创造比原来更高价值的过程，而推广项目仅限定于某项获奖成果在本企业管理应用过程的再创新；从选题来看，示范项目更注重选题的前瞻性和创效性，而推广项目更注重选题的价值性和契合性。

另一方面，要厘清并精准把握推广项目成果报告和原报告之间的关系。项目组首先要认真识别和分析所选取的获奖成果报告（简称原报告），理解原报告的深刻内涵，厘清原报告主要创新点或所解决的核心问题是什么；然后要聚焦企业管理实践，特别是拟推广的具体领域和范围，明确要运用原报告中什么理念、什么举措，以实现什么目标，主要结合点在哪儿，推广条件是否具备，等等。

本案例所选择的原报告是《国家电网公司班组建设创新模式探索与实践》，原报告内涵是，明确提出班组由末端管理执行单元向前端价值创造单元转变的完整构想，并对班组组织形态、业务发展模式、活力动力激发三大关键问题进行全面系统的阐述并解答。生命体班组指的是具备自我驱动、价值创造、智慧分析、资源响应和创新创效等特征。经分析不难看出，原报告解决的主要问题是，从卓越执行“细胞群”班组向充满活力“生命体”班组转变。原报告具体举措包括：生命体班组的组织形态设计（原报告做法3），生命体班组的业务模式构建（原报告做法4），生命体班组的团队活力激发（原报告做法5），生命体班组建设的关键基础保障（原报告做法6）。

基于对原报告的分析，该推广案例引入“生命体”理念，把握住了原报告的精髓，并巧妙地与班组建设“7S+”管理相结合，可谓“大吸收、小推广”，大处着眼吸收“生命体”班组建设内涵，小处着手推广实践，主题内容聚焦，为有的放矢的表达奠定基础。总体来看，该案例较好地掌握了推广项目报告的撰写要求，很有技巧地表述了推广工作的价值、做法和成效，言之有物，措施得当，值得学习借鉴。

国网浙江省电力有限公司台州供电公司（以下简称台州公司）成立于1981年4月，是国家电网公司大型重点供电企业、国网浙江省电力有限公司直属企业，承担着保障台州清洁、安全、高效、可持续电力供应的重要使命，供电区域9411平方千米，供电户数277.05万户。台州公司本部设置13个职能部门、7个业务支撑和实施机构，下辖9个县级供电公司。全社会用电量310.51亿千瓦时、同比增长10.05%，工业用电量205.39亿千瓦时、同比增长11.97%，增速首次实现全省“双第一”，售电量293.54亿千瓦时、同比增长9.8%；营业收入169.86亿元、利润6.35亿元。

评析2

公司简介要言简意赅，不要赘述，重点说清楚创作主体是谁、主营业务及领域、经营与建设规模等内容即可，其他内容不用过多介绍。本段可删除。

台州公司坚持以人为本，[2]弘扬“红船”精神和“垦荒”精神，集众智、汇众力，投身建设具有中国特色国际领先的能源互联网企业。基于2018年国家电网公司获奖成果《国家电网公司班组建设创新模式探索与实践》，宣传贯彻推广“生命体”班组理念，把原先班组建设的精华进行提炼总结后予以保留，并重点在精益化管理上加强模式的实践应用，推陈出新，使团队文化和建设方向迈向精益，促进新形势下专业班组向“智能型、复合型、学习型”班组建设方向转变的实践。公司先后荣获“全国文明单位”“全国模范职工之家”“全国电力行业用户满意企业”、全省“重点建设立功竞赛先进集体”等称号。

一、基于“生命体”理念的班组建设“7S+”管理模式推广背景[3]

评析3

推广项目背景与示范项目背景有很大的区别，推广项目重在说清楚为什么推广，即推广的价值与目标。本案例从三个方面回答为什么进行推广，从写作手法上看属于平行结构，即从三个维度阐述解决某一个问题的必要性和紧迫性。示范成果报告背景部分通常采用“由大到小”的逻辑结构，即按宏观—中观—微观的逻辑来阐述为什么要推动创新；推广项目则推荐大家使用“平行结构”进行阐述。

2018年国网工会组织开展国家电网公司班组建设创新模式探索与实践的管理创新研究，“国家电网公司班组建设创新模式探索与实践”立项，取得理论研究及实践经验并获得国家电网公司管理创新一等奖。台州公司应用项目成果，深化项目推广应用，对推动公司班组高质量发展具有深刻的意义。“生命体”班组建设理念的提出是国家电网公司长远发展的需要，是对现有班组建设理念的再提升，是对班组建设框架的再规划，是在原先班组建设基础上的推陈出新。因此在实践中以精益化为出发点，把原先班组建设的精华进行提炼总结后予以保留，并重点加强“移动终端”“大数据”和“互联网+”模式的实践应用。

（一）深化项目推广是主动转型升级应对挑战机遇的必然路径

输配电价、售电侧改革和增量配电市场放开等电力体制改革，对供电企业营运市场格局带来深刻变革，对个性化服务提出更高要求；同时，“大云物移动智”等新技术高速发展，影响着社会生产、商业模式等各领域，推广应用“大数据+互联网+移动终端”模式，实现指挥层、作业层和客户层互联互通、智能管控将是大势所趋。班组作为公司的基层单元，需要积极导入新理论、新技术，加强业务融合和专业协同，优化组织机构，培育复合型人才，对班组的传统作业方式、生产关系进行新的有益变革，主动创建契合时代背景和战略目标的精益管理模式，服务“四个有利于”（有利于战略落地、有利于公司发展、有利于激发基层活力、有利于提高员工队伍素质），为公司科学健康发展和经济效益的提高提供坚强的基础支撑。

（二）深化项目推广是实现精益管理、促进提质增效的重要保障

班组强、企业兴。班组是公司经营决策实现战略目标的执行机构，班组的生命力和战斗力直接影响企业竞争力。国家电网公司提出开展“生命体”班组建设探索实践，全面开启本质提升新征程，对班组执行力、创新力提出了新要求。当前台州公司班组建设模式、班组管控方法仍存在短板，班组组织模式分割化、作业信息孤岛化、管控方式机械化、创新模式松散化等问题仍然突出，严重制约了精益管理与质量效益水平的提升。需要以国家电网公司“生命体”班组建设理念为核心，基于上级要求和公司需求，主动创新实践，探索在新时期推动精益班组示范建设，夯实将班组由执行力强的“细胞体”转变为自我运转、自我驱动、自我决策和自我管理的高效“生命体”的基础，丰富班组内涵外延，不断提升基层班组综合素质和价值创造能力，为实现精益管理与提质增效提供重要保障。

（三）深化项目推广是满足价值实现、建设一流队伍的内在要求

管理的主体是“人”，企业要实现长远稳定发展，“人”是最关键的因素。一切管理都离不开调动人的积极性，做好人的工作，员工队伍素质水平决定了企业内质外形建设，没有高素质的员工队伍，就很难有高水平的企业。近年来，新生代求职者开始走向工作岗位，年轻员工学历高、思维活跃、诉求多元，公司内部员工自我成长与职业发展诉求从过去较为单一的因素变为综合多维因素，年轻员工除关注绩效收入、工作环境等因素外，还关心职业发展及自我价值的实现。班组是入职员工职业生涯的第一站，也是容纳员工的基本的单元，面对员工的多元诉求，如何将“以人为本”的理念深入贯彻落实到班组精益之道建设中，以体制机制创新为保障，全面打通人才链、创新链、技术链、价值链、资金链，激发人员活力、凝聚发展动力，努力打造一支掌握核心技术、具有开放合作意识、高效协同的一流队伍，为“具有中国特色国际领先的能源互联网企业”战略目标提供坚强的人才保障，成为公司亟须解决的根本性问题。

评析4

推广成果报告的内涵主要是写推广什么，在什么领域推广，概述推广的总体思路和框架。本案例整体写得不错，局部略显赘余。

评析5

本案例通篇都是基于“生命体”理念，这里却又引出五项精益理念，有些突兀，反而导致结构不紧凑。这也暴露出项目团队写作时不愿意取舍，什么都想用，这样主线就会显得乱。所以在此强调，推广项目的撰写，一定要花时间和精力在原报告的分析上，找准推广的点，围绕主线去选材，善于“割肉”是写好报告的基础，只有善于取舍，才会游刃有余。

二、基于“生命体”理念的班组建设“7S+”管理模式推广内涵[4]

以“国家电网公司班组建设创新模式探索与实践”“生命体”班组理论框架为基础，推动“五项精益”[5]（精心思考，理念中有益；精确计划，方案中含益；精准实施，过程中求益；精细检查，改进中出益；精密评估，结果中显益）理念对“7S”管理进行提升，从五个方面夯实“生命体”班组基础。一是巩固班组制度建设，突出班组自主管理，为“生命体”班组立好规矩。二是巩固精益管理数据化，突出数据化应用，为“生命体”班组打好基础。三是巩固员工绩效管理，突出班组建设精益绩效，为“生命体”班组注入新活力。四是巩固职工素质提升成果，突出职工精益能力，为“生命体”班组搭建平台。五是巩固班组建设成果，突出精益文化建设，为“生命体”班组注入灵魂。

具体来说，就是坚持“人本化理念、市场化导向、精益化管理、信息化驱动”，坚持分级管理、量化考核、统一规范、科学评价，融合组织管理、机制创新、党建引领、文化厚植、数据技术、激励约束等保障措施，构建系统、规范、科学的“7S+”管理体系和管控机制，探索实现基层“生命体”班组建设有序推进与持续完善，提升班组管理水平、绩效水平、创新能力和队伍素质，充分激发内生动力，切实减轻班组负担，为公司战略目标落地提供坚强的基础支撑，如图11-1所示。

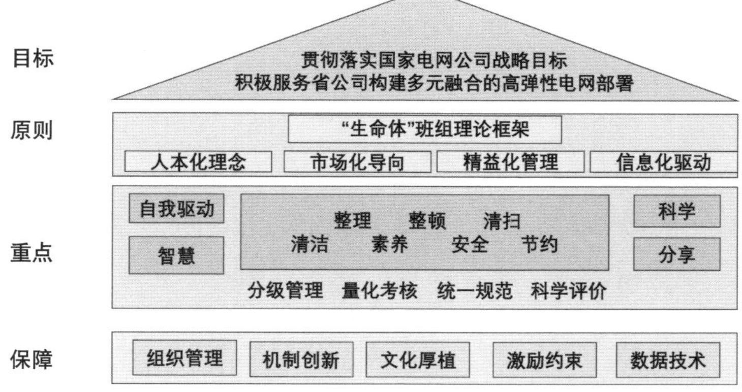

图 11-1 基于“生命体”班组理论的班组建设模式深化[6]

三、基于“生命体”理念的班组建设“7S+”管理模式推广主要做法[7]

（一）谋划推广思路，明确职责分工

1.确定整体思路，设计整体框架

从“基层、基础、基本功”入手，抓细微末节，抓习惯素养，重内质外形，明确班组建设管理创新的整体方向，确定“生命体”班组“建什么”“怎么建”等关键策略与措施。一是转向精细精益，将7S管理［整理（Seiri）、整顿（Seiton）、清扫（Seiso）、清洁（Seikeetsu）、素养（Shitsuke）、安全（Safety）、节约（Saving）］引入班组现场管理。二是引入“自我驱动（Self-driven）、智慧（Smart）、科学（Science）、分享（Share）”概念，丰富7S管理内涵。[8]三是提高目标体系设计的科学性，引导各层级围绕班组建设目标开展工作。四是运用移动终端、大数据、互联网等信息

评析6

内涵中逻辑关系图要慎用，比如通篇报告没有指出“贯彻落实国家电网公司战略目标和积极服务省公司构建多元融合的高弹性电网部署”，也没有提及“生命体班组理论框架”，这些内容仅在原报告中有所体现，那么没有审读过原报告的专家必然会觉得图中说法太突兀。若有发布审核，内涵部分的逻辑关系图通常是专家提问的点，比如生命体班组理论依据是什么？如何界定生命体价值？在展现无法驾驭的说法或问题点时，一定要慎之又慎。

评析7

本文写了七条做法，展现了四个逻辑关系：（一）和（二）重点写如何进行项目推广，推广方向和要点；（三）重点讲在什么领域推广什么内容；（四）（五）（六）重点解决如何进行推广，源于原报告又高于原报告，含有消化吸收再创新的内容，这三点是通篇的核心难点和重点，也是评审的采分点；（七）主要体现的是推广保障措施。主要做法整体布局合理，结构严谨，言之有物，内容翔实，个别提法流于烦琐，局部提炼语言有待提升，总体来看是一篇优秀的案例。

评析8

这里具体指明"7S+"的内容，恰是原案例"生命体"理念班组建设的重点内容。遗憾的是下文没有按照"+"的内容逐层推进展开。这里提到的"+"的内容有四项，但后文中真正落地呈现的只有两项，即自驱动和智慧。

技术为手段，提高互联网、大数据应用水平，统筹协调，为班组管理、指标提升、业务融合等提供技术支持。五是完善激励体系，发挥激励引导作用，确保工作按计划稳妥有序推进、精准落地。

2. 明确实施原则，确定工作目标

公司明确"三个坚持"实施原则。一是坚持统筹推进。统筹考虑，统一部署，整体推进。二是坚持资源共享。推广涉及多部门、多层级，业务流、管理流产生的各类数据信息等，在资源调度、信息数据等资源方面充分共享，发挥数据和信息价值。三是坚持创新驱动。用好"生命体"班组理论与实践创新最新成果，与班组业务紧密结合引领推广工作。通过项目推广提升台州配电网供电质量、运营效率和优质服务水平，优化业务流转流程，实现多班组业务高效协同，建设可推广复制样板式的精品典型班组，建设自主管理强、市场适用性高的前沿班组。

3. 健全工作机构，强化组织保障

台州公司成立推广领导小组和推广实施小组，领导小组由公司分管领导担任组长，成员由各相关责任部门负责人组成，负责整体推进、问题协调、资源调动及重要事项的研究决策等，对推进过程进行专项指导，监督协调推广方案的落实。推广实施小组由班组建设主管部门负责担任组长，成员由供电服务指挥中心及各部门、单位班组建设专门负责人组成，负责方案整体规划、具体实施和推进工作，制订推广实施工作方案，定期报送推广实施进展情况，与省、市公司相关职能部门沟通专业工作有关情况，同步开展创新推广机制建设。

4. 统筹任务安排，细化内容要求

全面梳理推广工作内容，整合管理资源，按照组织机构及业务分工，构建横向协同、纵向联动的工作责任体系，统筹调度班组建设，责任部门、基层单位、班组共同参与、共同建设，全面推进实施。根据调研分析结果及班组反馈问题，补足短板，从问题明细、责任单位、责任人、责任领导、进度时限等进行细化梳理，细化各级班组推广责任和要求，明确各职能部门制定标准、组织推动、过程督导的管理职能以及班组执行的工作职责，责任到人，任务明确，确保责任全覆盖、管理无真空、创建无死角，为项目全盘稳步推进提供“量、质、期、责”明确的协同“作战图”。

（二）明确改进方向，优化实施重点

1. 坚持问题导向，梳理管理短板

公司深入调研分析，坚持问题导向，分别从管理线、业务线、员工线入手，按照岗位职责划分为中层干部、一般管理技术人员、一线技能员工三个目标群，分别对照国家电网公司“生命体”班组创建总结的共性问题和基于企业实际的个性问题从组织模式、决策方式、专业分工、作业流程、信息通道、绩效管理、创新模式、共享机制、活力激发九个维度进行分析调研，全面客观地分析识别班组管理工作中存在的难点和短板，如

图 11–2 所示。

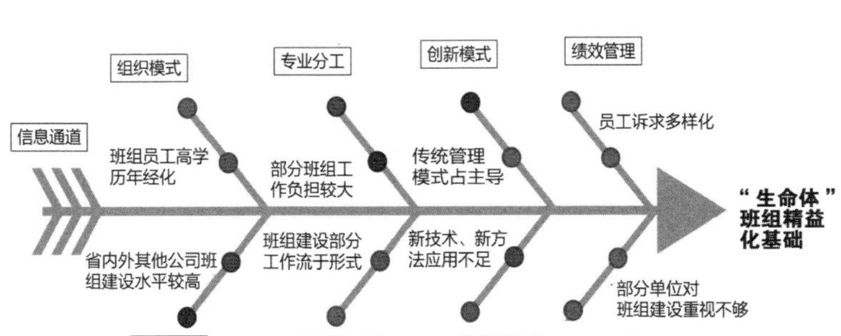

图 11–2 "生命体"班组的九个维度

2. 明确改进方向，科学制定对策

通过问题识别梳理，初步提出班组建设改进方向、对策。一是宣传贯彻"生命体"班组理念，以"生命体"为基础、以 7S 管理工具为抓手推广实施，推动班组建设协同融合发展。二是应进一步强化组织领导，建立自上而下、分工明确、责任到人的班组建设管控体系。三是推进 7S 实践与制度建设，规范现场管理，注重示范引领，丰富活动载体。四是夯实数据基础，服务深化应用，更好地体现"生命体"理念。五是通过外聘专家、班组大讲堂等方式提升班组员工素质，畅通员工成长成才通道，满足年轻员工自我发展的诉求。六是建立激励约束机制，多维度制定考核细则，保证班组建设在公平、公正、公开的基础上健康快速推进。

3. 深化成果挖掘，优化实施重点

加强组织推动，基于国家电网公司"国家电网公司班组建设创新模式探索与实践"，应用项目管理思维和工具，对项目实践各项重点工作进行归集汇总，积极探索“生命体”班组“小前端、大后台”建设路径，优化班组模式，丰富自主意识和调节能力，柔化班组边界，共建利益共同体与命运共同体。立足管理定位与班组实践，结合班组业务特征，辨识班组组织形态、功能形态，剖析促进细胞群升级的多维因素，充分把握管理层、执行层职责定位、协同关系，进一步细化任务工作，明确目标成果，完善推动机制和考核评价标准，全面把控试点应用及推广实践工作完成进度及质量。

4. 强化宣传贯彻，促进认知认同

公司加大宣传力度，进行全面宣传贯彻。采用专题研讨、新闻专栏、网页公布等形式，对工作的目的意义、实施进度、工作安排等进行有效传达和宣传贯彻，统一思想，提高员工对“生命体”班组、7S管理方式的认知认同；同时，公司多轮次召开集中会议以及小组讨论会，面对面讲解方案并印发相关宣传贯彻材料，促使广大干部员工加深认识，充分了解各阶段工作安排，为整体工作顺利开展奠定良好的群众基础。

（三）践行7S实践，规范现场管理[9]

1. 以制度为保证，开展顶层设计

设立7S推行工作小组，制定符合公司班组管理实际的《7S管理工作方案》作为项目方案，确保管理有据可依、有章可循，详细制定推进目标，明确工作方案、计划与相关制度以及考核评价标准。把建章立制放在重要位置，从最初的负向激励绩效考核，不断改

评析9

主要做法第三点介绍了本案例推广什么、在什么领域推广。依据二级标题可以看出，本文是大处着眼，小处着手的案例，这样的材料好组织，表达有穿透力。案例聚焦现场管理领域，借助7S工具推广生命体理念的班组建设。“生命体”班组强调自驱动。本案例从顶层设计和标准制度着手，注重学习和典型示范作用，通过大力宣传贯彻促使员工实现知行合一。

进工作思路、方法，逐步完善提高，到“正向激励+绩效奖励+精神鼓励”，不断激发班组7S管理工作积极性，稳步把7S管理工作向更深、更广推进。

7S管理的具体实施内容如表11-1所示。

表11-1　7S管理的具体实施内容

7S内容	定义	目的	实施要领
整理（Seiri）	工作现场只保留有用的，无用的去除	腾出空间，防止误用	①对工作场所全面检查，包括看得到的和看不到的 ②制定“要”和“不要”的判定基准 ③清除不要的物品 ④检查要的物品使用频度，决定日常用量 ⑤每日自我检查
整顿（Seiton）	将必需物品置于任何人都能立即取到和立即放回的状态	①工作场所一目了然 ②消除找寻物品的时间 ③井井有条的工作秩序	①前一步整理的工作要落实 ②需要的物品明确放置场所 ③摆放整齐、有条不紊 ④画线定位 ⑤场所、物品标示
清扫（Seiso）	清除不需要的东西，保持工作现场无垃圾、无污秽状态	①保持良好的工作环境 ②稳定品质 ③减少工业伤害	①建立清扫责任区（室内、室外） ②每个地方清洗干净 ③调查污染源，杜绝污染源或采取隔离措施 ④建立清热标准，作为规范

续表

7S内容	定义	目的	实施要领
清洁（Seikeetsu）	将整理、整顿、清扫进行到底，并且标准化、制度化	①成为惯例和制度 ②是标准化的基础 ③企业文化开始形成	①落实前3S工作 ②制定考评方法 ③制定奖惩制度，加强执行 ④领导经常带头巡查
素养（Shitsuke）	按要求执行规章制度，并养成一种习惯	①让员工遵守规章制度 ②培养具备良好素质习惯的人才	①制定公司有关规则、规定 ②制定礼仪守则 ③教育训练 ④推动各种精神提升活动 ⑤制定服装、工作帽等识别标准
安全（Safety）	消除隐患，排除险情，预防事故的发生	①保障员工的人身安全和生产的正常运行 ②减少经济损失	①建立系统的安全管理体制 ②重视员工的培训教育 ③实行现场巡视，排队隐患 ④创造明快、有序、安全的作业环境
节约（Saving）	全员参与，减少浪费，优化流程，降低成本	建立高效的盈利系统，让企业具备更强的竞争优势	①明确浪费现象 ②明确节约办法 ③实施节约活动

2. 以学习为先导，提升知行水平

以班组大讲堂、班组微课堂等形式全面讲解7S管理的理论知识，畅谈自己的心得体会，分享推广经验，不断提高基层人员对7S管理的认知，通过作业现场的整齐整洁，为安全高效工作提供基本保障。从清理整顿到样板班组打造，从清扫、清洁到人员素养的提升，围绕现场安全文明生产标准化建设，坚持每月一次7S管理现场检查，编发一期月度工作简报，解决一批生产现场存在的问题，抓好闭环整改，不断健全班组7S管理长效机制，巩固7S管理工作成效，从理念的接受到实际的工作锤炼，不断适应公司发展战略的新要求和转型发展的新变化。下面是整改前后对比，如图11–3所示。

整改对象	整改前	整改后
理线		
桌面		

图 11–3　整改前后对比

3. 打造先进典型，注重示范引领

全面推行7S管理以来，经过宣传深入、理念导入、行动引入三个阶段后，推出7S管理月度量化考核机制，先进班组授予7S管理先进班组流动红旗举措，打

造班组7S管理“样板间”。在7S管理中边思边行、边行边学、边学边进，倡导“一人重复百次一个样”“百人做事一个样”“把简单的事情做好就是不简单”的理念，班组间互相激励，相互促进，对作业流程、作业环境进行优化和改进，使之更适应现场工作的需要，提高工作效率，确保安全生产。

4.丰富活动载体，细微处显精益

公司在7S管理推进过程中非常重视“微创新”等小改革及问题改善活动，以“五小”活动、QC活动及合理化建议征集等载体，倡导员工从小事做起，从小处着眼，针对细节、流程、节点、技术等进行改进提高，养成事事认真的良好习惯，进而不断提升企业的控制能力、工作效率、形象力和竞争力，在激发员工参与活动、贡献才智热情的同时，营造公司优雅的生产和办公环境，良好的工作秩序和严明的工作纪律，提升企业的整体形象，在规范化管理、员工素养、文明办公和安全节约等方面达到现代企业管理的要求。

（四）强化党建引领，厚植文化土壤

1.推进学习融合，强化思想引领

以“不忘初心、牢记使命”主题教育为契机，强化对初心使命的认识，全力推动主题教育走深走实。开展“学战略、讲担当、干精彩”主题党日活动，结合公司“讲理论、话思想、谈奋斗”微课竞赛活动，推动国家电网公司战略目标入脑入心、落地落实。对照党章、党规找差距、抓落实，系统性开展“大学习、大讨论、大调研”活动，将上级规定动作落实到位，引导支部党员筑牢信仰之基、补足精神之钙、把稳思想之舵，采用视听学习、融媒体以及学习强国APP等手段，将党员学习资料贯穿支部的日常学习中。举办能源互联网技术讲座，营造浓郁的学习氛围，探索实现政治学习与业务学习的有机融合。

2. 推进职能融合，筑牢战斗堡垒

明确党建工作“做什么、如何做”，并通过“抓规范、做示范”，在增强党员意识、建设过硬党支部、提高组织生活质量等方面探索“标准化”路径，使党组织政治功能不断增强，战斗堡垒更加牢固。在开展好主题党日上下功夫，赴红色革命基地开展“追寻红色足迹，传承革命精神”主题党日活动。内容上突出强化党员意识、坚定理想信念、坚定政治方向、严守政治纪律和政治规矩，结合公司发展新要求，确保主题党日教育活动主题鲜明，内容丰富，方式新颖。深入企业开展用电服务志愿活动，开展“为民服务、排忧解难”专项服务活动；探望留守儿童，开展关爱行动，着力推进党建与业务的融合。

3. 推进业务融合，淬炼纯洁党性

班子成员常态化参加班组工作例会，掌握员工思想动态，帮助诊断辅导，明确努力方向，解决实际困难，增强员工归属感和满足感。以“7S+”管理为核心，开展专题研讨，召集各班组互相介绍本专业涉及的工作内容，进行专题培训辅导，对工作中的薄弱点进行针对性的提升，切实挖掘员工潜力，提高员工业务技能。始终围绕“家”的主题，通过“7S+”管理，着力打造以“家文化”为核心的工作氛围，塑造一个清洁有序、安全保障的工作环境，促成员工修养提升，增强凝聚力。

（五）数字驱动融合，拓展管理外延

1.夯实数据基础，服务深化应用

专业管理要实现“移动终端”“大数据”和“互联网+”基本的条件就是专业基础资料在正确性和唯一性上的数据化。公司有效发挥7S管理成效，利用标准化工作痕迹可查询、可追溯，夯实专业基础管理数据化，为“生命体”班组打好基础。生产班组依托PMS、配电自动化主站、调度自动化、调度控制管理等系统，营销班组依托营销系统、服务调度平台、用电采集系统、智能档案、供电服务指挥系统等平台与系统，大力开展班组专业资料数字化建设，大力开展数据整治活动，实现设备台账参数与现场实际相符，设备外观与数码照片相符，设备位置与GPS坐标相符。建立设备健康档案，设备检修维护、故障处理等过程信息及时记录在案，使设备台账更全面、更形象，设备诊断分析有依据，更加科学。在此基础上，拓展出安全分析数据化和培训资料数据化，使安全管控更有针对性、安全措施更加充分，使培训活动更具实用性、培训内容更直观。

2.融入智慧驱动，加速进化升级

一是智慧驱动，强化分析研判，激发并挖掘价值

创造与技能升级，调动专业化、精益化生产，满足多元化、市场化需求，响应现代化、主流化号召，充分发挥互联网、大数据、物联网、云计算等新技术优势，将班组人员处理问题的决策方式由经验决策向数据决策、科学决策转变。二是智慧分享，优化资源要素的自由选择与灵活组织，通过实施掌上联络、移动化办公，建立应急信息协同机制，实现班组间无障碍的信息共享、知识共享与交流，促进创新成果的高效开发与转化，推动部门工作的可持续发展。三是智力融合，结合班组实践，灵活运用互联网、大数据、物联网、云计算、虚拟现实、人工智能等信息化技术，聚合信息、智力，为决策提供敏锐嗅觉和辅助参考。四是自我驱动，由劳动密集型组织向科技驱动型、知识驱动型组织转变，推进班组在执行力强的“细胞体”基础上，升华成为自我运转、自我决策和自我管理的高效“生命体”。

3.搭建数据平台，提高响应速度

以供电服务指挥中心为依托，构建企业配网调控管控数据平台，通过“互联网+移动终端”实现在供服系统平台对巡检全流程的监管，结合人工智能技术设立智慧配网虚拟调度员，替代简单人力劳动，应用新一代配电自动化技术，实现配网设备可监、可测、可控，提高电网供电可靠性和电网自愈能力。运用基于人工智能的配网智慧调度指挥应用，积极完成单电源支线调度功能测试，并付诸实践，有效助力调度工作，减少调度工作压力，提升“五个零时差”工作。通过DTU设备，快速完成负荷转移、故障隔离、恢复送电等操作；通过分析采集到电网潮流数据，结合Ⅰ、Ⅳ故障研判信息，有效助力故障类型的确定和故障点的定位。FA模块为故障处置提供了处理策略，能有效帮助调度员处理故障，快速隔离故障，减少故障处置时间，快速恢复送电。运用手机APP、智能巡检机器人、无人机等智能化设备和新技术提高配网巡视质量，及时发现配网隐蔽缺陷，减少故障概率。运用智能化设备和新技术提高配网巡视质量，建立健全营配调信息共享机制，提升故障研判效率，提高配电运营管理水平。执行“一口对外、内转不外转”等措施，大力推广“互联网+”线上业务办理，开展服务稽查、不满意工单穿透分析等工作，确保用户诉求响应更加方便快捷。

（六）拓展培养渠道，提升队伍素质

1.注重理论学习，加强技能建设

立足于“实战”角度以“班组大讲堂”“微课堂”“小演练”等多方式开展技术讲课、反事故演习、计算机仿真、模拟培训、导师带徒培训；围绕生命体班组、7S管理、安全生产、营销服务等重点内容，以化解“工学矛盾”、着力解决实际工作中遇到的突出问题为目标，引导一线员工自觉自发开展“班组大讲堂”，倡导“工作是上课，处处是课堂”，切实做到“人人上讲台，个个当专家”，为全体员工搭建学业务、学技能、学管理、保安全的良好平台。

2. 实施梯队建设，打通发展通道

瞄准公司发展方向，按“纵向分层、横向分类、多级兼顾、过程管控”的原则，分层次、有重点地将班组队伍建设作为重点工作内容纳入公司人才队伍建设总体规划中，鼓励公司基层单位以班组为单位开展自发式培训，加强班组人员的培养、选拔、使用、晋升和管理，制定青年人才海燕孵化、海燕飞翔、海燕沐雨进阶模式（见图11–4），班组成员通过竞聘上岗，逐步进入班组长队伍。实行“1+5”人才培养体系，建立梯形干部队伍，即通过编制“一个发展规划”，同步实施“五个专项计划”，从新进员工、青年骨干、班组长到中层科级干部、二线干部进行纵向分层培训，努力打造一支能力过硬、结构合理的高素质专业化干部人才队伍。

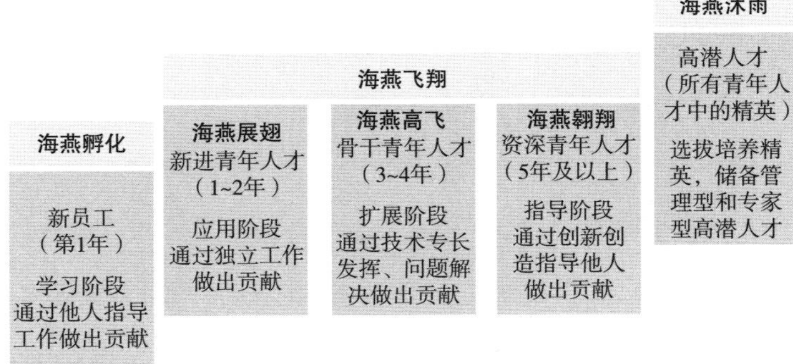

图 11–4　青年人才海燕孵化、海燕飞翔、海燕沐雨进阶模式

3. 完善创新机制，搭建创新平台

对想创新、能创新的团体、职工，在思想上关心、政策上帮助、资源上支持，公司进行政策制定、过程

管控和服务保障，专业部室承担技术培训和人才培养工作，班组具体实施，职工技术创新工作责任明确、分工合理、管理闭环、运作规范；同时，在现有各级各类创新工作室的基础上整合创新资源，积聚创新力量，以点带面、点面结合的方式，组建柔性攻关团队、创客联盟，引导有灵感的职工充分发掘创新意图，让创新活动更自由、更开放、更包容，进一步提升工作室创新能力和生命力。

（七）突出考评激励，实施闭环管控

1.丰富评价标准，细化分解落实

一是研究制定了《“生命体”班组建设评价细则执行评价清单》，并将“7S+”管理水平、班组企业文化建设、星级班组建设及全能型班组建设的相关指标纳入考评体系中，丰富了“生命体”班组建设内涵。二是人员分工精准，责任到位。将对标指标表中的每一项指标进行分解，指定基层班组中的对标专门负责人负责该项指标，构建了“指标具体到岗位，岗位落实到个人”的管理体系，形成了“人人有指标、人人有责任、人人抓落实”的工作格局，实现了“管理标准全覆盖”。

2.创新考核模式，激发工作活力

一是实施三级联动考核，对管理部门、实施单位、班组，按月度评定绩效等级，绩效考核实行机关与基层责任连带，个人与团队责任连带，倍比发放绩效薪金。二是从职业资格、从业年限、岗位能力、工作业绩四个维度评价，按考核等级核定年度薪酬待遇。三

是以责任包干、量化分配、专项奖励模式建立基层党务人员激励模式，充分发挥党建引领和党员示范作用；探索以作业任务高目标、高激励形式的带电作业激励及科研柔性团队分红激励机制等多元化举措。

3. 引导创先争优，落实闭环改进

鼓励创新争优，严格对表对标，将“生命体”班组建设的指标考评情况与班组对标工作相结合，通过“每月自查+季度检查”了解和比对各个基层“生命体”班组建设现状以及文化管理创新实践动态，并将其结果与对标排名纳入班组年度绩效考评。由基层班组文化管理创新实践领导小组牵头负责开展每季度基层“生命体”班组建设的各项指标的检查监督，并每季度召开“生命体”班组建设对表对标工作分析会，对各指标数据进行诊断分析，查找薄弱环节，推进过程管控与持续改进。

4. 强化结果应用，实施多维激励

丰富评价标准，制定评价清单，实现管理标准全覆盖。创新考核模式，实施联动考核、职业资格、从业年限、岗位能力和工作业绩评价五个维度评价模式，激发员工工作活力。引导创先争优，将“生命体”班组建设的指标考评情况与班组对标工作相结合。强化应用结果，研究出台员工薪酬激励机制，规范员工绩效考核。强化考核结果在降岗降薪、员工退出、劳动合同终止等方面的刚性应用，同时与人才选拔、升迁竞聘、评先树优、职称评定、技能鉴定、教育培训等挂钩，强化考评结果的多维应用，发挥其激励作用。

四、基于“生命体”理念的班组建设“7S+”管理模式推广效果[10]

评析10

第三部分推广成效与第一部分推广背景是对应关系，应重点阐述经过推广应用的落地实施，推广的成效如何，原有问题是否得以有效解决？本部分（二）与背景部分的第三点相对应，但本部分（一）（三）的提炼精准度略显不足。

（一）工作环境改善改观，企业形象有效提升[11]

评析11

效果（一）的提炼略显单薄。“7S+”现场管理，通过工作方法的导入，首先呈现的应是工作环境的改善，其次通过调动员工自驱力，对促进清洁生产、节能降耗、有效降低生产成本、保证安全生产、提高工作效率均起到积极的推动作用，这些都是提质增效的具体体现，完全可以放手去写。

公司“7S+”的实施让员工认识到强化基础管理工作，推行标准化、规范化管理对促进清洁生产、节能降耗、有效降低生产成本、保证安全生产、提高工作效率、确保顺利完成生产任务量的重要作用，注重在责任、素质、能力提升上下功夫，培育务实创新工作作风，提高了自身的工作能力。实现以定点、定位、定量为特征的规范化、标准化管理，工作流程更加明确规范，工作环境更加清洁有序，各类标识统一规范，工序简洁化、人性化、标准化，培养了一支具有良好行为习惯的员工队伍。现场设备管理水平持续提高，出现越来越多的7S管理标杆作业区，实现7S管理常态化，基层班容班貌全面改观，班组在管理细节上有很大提升，员工的精神面貌发生了深刻的变化，企业安全系数和团队业绩全面提高，达到规范行为、改善环境、提高效率、确保安全的目的；同时，不安全因素得到有效消除，有效促进了安全生产、标准化、党支部建设、党风廉政建设等各项工作。

（二）班组活力有效激发，队伍素质全面提高

基于“生命体”班组建设理念的“7S+”管理方式，创新了班组管理方式方法，构建了系统、规范、

科学的管理体系和管控机制，形成了涵盖通用班组基础建设、班组长能力与素质、班组现场管理、班组文化建设、民主管理和"互联网+"班组管理的专项建设标准，从机构、人员、设备、制度、手册、管理方法等方面，为班组建设搭建了逻辑合理、架构完整的工作体系，有效减轻了班组工作负担，搭建了班组长、班组员工成长成才平台，班组员工学技术、长本领的主动性愈加强烈，培养出一大批一专多能人才，推动了大批创新成果的涌现。近三年来从班组走向管理岗位的人员达60余位，各类职工荣获技术创新成果奖18项，荣获省公司及以上单位QC奖项22项、科技创新奖9项；有35个班组荣获省公司及以上单位"优秀班组""先进班组""精品典型班组""五星级班组（工人先锋号）"等荣誉称号，70余位班组长受到省公司及以上单位表彰。

评析12

效果（三）表达应稍做调整。本案例主题强调的是管理模式推广，这里又出现了班组建设模式，内涵和外延是不同的，可以改为"初步形成智能生命体班组管理模式，极大地提升了服务支撑能力"，此模式具有很强的推广性，强调其管理成果。

（三）班组建设模式优化，服务支撑能力提升[12]

通过开展基于"生命体"理念的班组建设"7S+"管理模式推广实践，公司初步实现了班组建设模式由"传统机械"向"智能生命体"转变，由创建主题单一、方式分散向有机综合、一体管理转变。有效利用"大云物移智"技术手段，建成综合运用班组智能运检、安全管控等多套系统，利用现有班组数据，实现自动生成班组所需报表、记录，实现利用远程监控及设备状态识别等技术规范各类现场作业行为，提升了班组对设备运行状态的掌控能力和现场安全管控能力；同时切实为基层一线减负，公司供电服务能力、服务水平显著提升。近年来，圆满完成“利奇马”“黑格比”等抗台抢险救灾任务，完成重点保电任务220余项。2020年公司故障报修到达现场及时率为99.66%，供电可靠率达到99.95%，投诉业务量同比下降38.77%，累计完成供电量212.2亿千瓦时，客户满意率提高到99.74%。

第十二章

优秀管理创新论文案例

电网检修运维成本等效矩阵模型的构建与应用

该论文荣获2020年度电力企业管理创新论文大赛特等奖，由国网内蒙古东部电力有限公司完成。

专家点评

本论文将等效矩阵数学模型与电网检修业务做了很好的结合，具有很好的创新性和实用性，在管理创新论文的写作上也具有很高的参考价值。

优点

（1）矩阵模型的构建与业务应用有机结合，结构平衡。类似论文常见的错误是，完全陷入详细的数字推导论证，与业务应用脱节。本文在论述模型的构建过程中，能够始终围绕业务应用展开，值得肯定与借鉴。

（2）对运维成本进行科学量化，为业务管理的规范化、标准化提供了理论基础，论文有很高的实践价值。

（3）格式规范，内容完整。本论文的摘要、论证、结论等内容均符合学术论文的规范格式，文章中图表设计合理、表述清晰。

提升建议

（1）最后的“结论及展望”部分，根据实际内容，标题可改为“结论与说明”。

（2）在现代企业管理中，等效矩阵模型常用于精益化管理的提升工具，论文中可以在内涵和结论部分将该模型提升到精益化管理创新的高度，一两句话即可。

摘要：电力体制改革落地、输配电成本办法出台后，电网企业电网检修运维成本成为决定输配电价水平的关键因素，但由于电网企业业务的专业性、复杂性和多变性，一直缺乏供监管方和电网企业使用的、衡量电网检修运维成本合理性的标准性工具，各电网公司实际支出水平差异较大，各省监管尺度不一。本文以M电网公司为例，深入分析历年来电网检修运维成本的支出水平及发生动因，发现各类电网设备检修运维成本之间存在较为固定的等效关系，运用电网检修运维等效矩阵模型工具，可以清晰地描绘这种规律，作为电网检修运维成本的基础性标准，为电网检修运维成本管理、监管、评价提供重要依据。

关键词：电网检修运维成本、等效矩阵模型、最小二乘法回归、标准定额。

一、研究背景

2015年，中共中央、国务院印发了《关于进一步深化电力体制改革的若干意见》（中发〔2015〕9号）及一系列配套文件，明确了电力市场“管住中间、放开两头”

的体制架构，电网企业输配电价由国家独立核算、单独核定。之后国家发展改革委陆续印发了《省级电网输配电价定价办法》及《输配电定价成本监审办法》，明确了输配电价“准许成本+合理收益”的基本思路，由国家通过监审确定电网企业的合理成本及合理收益（三年一周期），并相应核定输配电价。从已开展的两轮成本监审来看，监管双方存在较大异议，监管方认为电网企业核算不统一、成本不透明，电网企业认为监管方主观性过强、各省尺度差异过大。

从企业内部管理角度来讲，目前各电网企业电网检修运维成本的标准性工具主要是各单位的标准成本定额，但由于受年度效益目标、成本空间规模差异等影响，不同电网企业、同一电网企业不同年份的成本定额相差过大，难以真实地反映电网检修运维成本的真实情况。

无论是外部监管，还是企业内部管理，亟须出台具有普适性、稳定性和可扩展性的电网检修运维成本管理标准。本文以M电网公司为例，深入分析历年电网检修运维成本的支出水平及发生动因，发现各类电网设备检修运维成本的绝对值由于受到地域差异、管理水平、成本规模等影响，呈现出波动性、差异性、无序性的特点，较难建立普适性的标准模型；但同一单位不同类设备检修运维成本之间的相对比例关系具有明显的规律性。通过历史数据积累及数学回归运算，可以建立电网检修运维成本等效矩阵模型，作为描述不同设备检修运维成本之间比例关系的工具，为电网检修运维成本管理、监管、评价提供重要依据。

二、电网检修运维成本等效矩阵模型的内涵

（一）电网检修运维成本

电网检修运维成本的范畴。本文所称电网检修运维成本是指各类电网设备检修、运行、维护所发生的直接人工费、材料费和机械台班费，不包括电网企业会议、差旅等日常期间性费用。

（二）电网检修运维成本等效矩阵的内涵

（1）等效矩阵的内涵。

建立横纵两列相同的坐标，坐标轴的各个点代表拟分析的对象。坐标区域内每一个点的值等于横坐标轴点所对应的绝对值除以纵坐标轴点所对应的绝对值，形成所有坐标轴上的点对应的绝对值的比值关系的矩阵，坐标区域中每个点代表了横纵坐标绝对值的等效关系，如图 12-1 所示。

J	B/J	C/J	D/J	E/J	F/J	G/J	H/J	I/J	1
I	B/I	C/I	D/I	E/I	F/I	G/I	H/I	1	J/I
H	B/H	C/H	D/H	E/H	F/H	G/H	1	I/H	J/H
G	B/G	C/G	D/G	E/G	F/G	1	H/G	I/G	J/G
F	B/F	C/F	D/F	E/F	1	G/F	H/F	I/F	J/F
E	B/E	C/E	D/E	1	F/E	G/E	H/E	I/E	J/E
D	B/D	C/D	1	E/D	F/D	G/D	H/D	I/D	J/D
C	B/C	1	D/C	E/C	F/C	G/C	H/C	I/C	J/C
B	1	C/B	D/B	E/B	F/B	G/B	H/B	I/B	J/B
A	B	C	D	E	F	G	H	I	J

图 12-1　等效矩阵模型

注：上图中横坐标为F、纵坐标为H的点的值F/H代表的含义为：每个F的绝对值与F/H个H的绝对值是等效的。

（2）电网检修运维成本等效矩阵的内涵。

横纵坐标分别为不同类型、不同电压等级的电网设备，坐标对应的绝对值为单位设备年度检修运维成本。坐标区域中的每个点代表不同电网设备年度检修运维成本之间的等效关系，如图12–2所示。

	设备B	设备C	设备D	设备E
设备E	设备B检修运维成本 设备E检修运维成本	设备C检修运维成本 设备E检修运维成本	设备D检修运维成本 设备E检修运维成本	1
设备D	设备B检修运维成本 设备D检修运维成本	设备C检修运维成本 设备D检修运维成本	1	设备E检修运维成本 设备D检修运维成本
设备C	设备B检修运维成本 设备C检修运维成本	1	设备D检修运维成本 设备C检修运维成本	设备E检修运维成本 设备C检修运维成本
设备B	1	设备C检修运维成本 设备B检修运维成本	设备D检修运维成本 设备B检修运维成本	设备E检修运维成本 设备B检修运维成本
设备A				

图 12–2　电网检修运维成本等效矩阵模型

三、电网检修运维成本等效矩阵模型的实践应用

（一）模型构建

通过数据描述——函数回归——参数修正——模型优化的路径构建等效矩阵模型。一是分析历年来电网检修运维成本的实际支出及主要动因，以实际数据为基础客观描述等效矩阵图；二是根据数据图像特点，运用回归方法模拟数学函数，将数据抽象为一般规律，使模型从个别单位使用的描述型工具变为适应各个电网企业的一般性工具；三是通过各单位的自有数据积

累修正函数关键参数；四是通过函数计算结果进一步优化模型，使等效矩阵结果更加精确。通过实际数据、等效矩阵、函数公式三者的持续迭代更新，促进模型精准性不断提升，适用性不断增强，如图12-3所示。

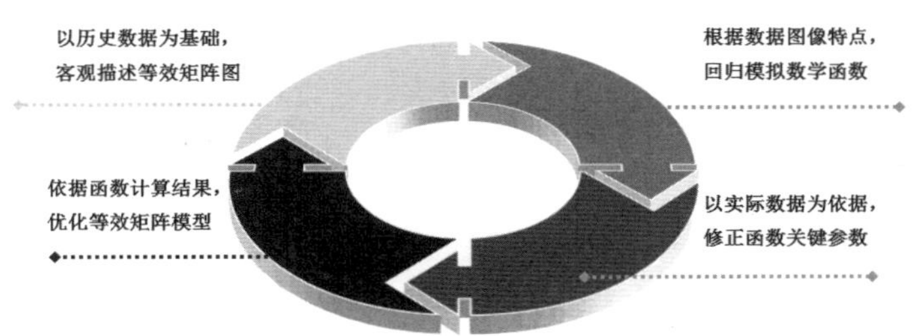

图12-3 电网检修运维成本等效矩阵模型构建逻辑关系

1.客观描述电网检修运维成本等效矩阵图

通过财务报表数据、业务调研等途径，统计了M电网公司2016—2018年不同电压等级的变压器单元、线路单元、开关单元、母线单元的年度检修运维成本（人工费、材料费及机械台班费），各类设备的检修运维成本存在等效关系。

2.模拟构建数学函数

（1）函数自变量及因变量。

对上述等效矩阵做以下函数模拟：自变量主要是电压等级（x）和设备类型（y）两项；单位10kV线路单元的检修运维成本作为基准值，其他电网设备检修运维成本相对于10kV线路单元的比值（z）作为因变量，建立如下函数关系。

其中：$$z=f(x)\times f(y)$$

z：各电网设备相对10kV线路单元检修运维成本的比值。

x:电压等级，取值范围为0.4kV、10kV、20kV、35kV、66kV、110kV、220kV、330kV、500kV、750kV、800kV、1000kV。

y:设备类型，取值范围为换流变压器单元、交流变压器单元、直流线路单元、交流线路单元、开关单元、母线单元。

（2）函数图像模拟及回归分析。

将上述由历史数据形成的等效矩阵转化为函数取值表，模拟函数三维图像，如图12-4所示。

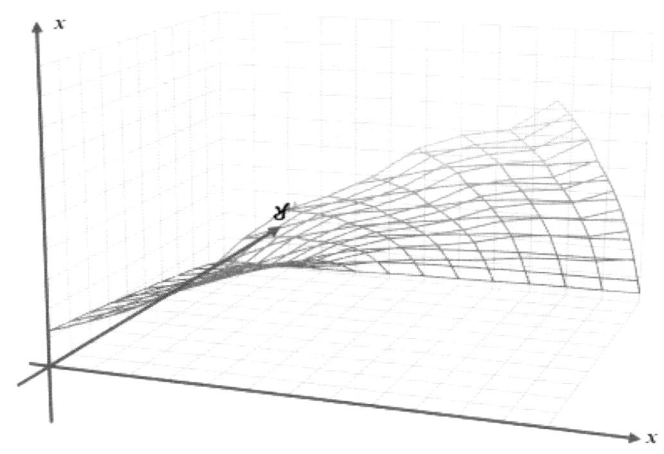

图12-4　电网检修运维成本等效数据模拟图像

注：给电压等级、设备类型分别赋值，上图中*x*轴代表电压等级变量，*y*轴代表设备类型变量，*z*轴代表各类电网设备年度运行检修成本相对于10kV线路年度检修运维成本的比值。

由图12-4中可以看出，z值与x、y值之间呈正相关且切线方向角转换较快，基本符合幂次函数特征，因此设上述关系符合以下函数关系。

$$z = a \times x^{b} \times y^{c}$$

其中，参数a、b、c与各电网公司的实际情况相关，需要以本单位历史实际数据进行最小二乘法回归测算。

3.通过回归确定函数参数

以M电网公司为例，以历史数据进行最小二乘法回归模拟测算后，得到各项参数如下。

$$z = 0.35 \times x^{0.45} \times y^{0.61}$$

其中，x为电压等级赋值，y为设备类型赋值，具体赋值如表12-1和表12-2所示。

表12-1　电压等级x赋值

电压等级	20kV	35kV	66kV	110kV	220kV	330kV	500kV	660kV	750kV	800kV	1000kV
x赋值	20	35	66	110	220	330	500	660	750	800	1000

表12-2　设备类型y赋值

设备类型	换流变压器	交流变压器	换流线路	交流线路	母线单元	开关单元
y赋值	220	200	1.1	1	0.8	0.7

通过函数计算得到的等效数据图像与实际数据模拟图像差异，如图12-5所示。

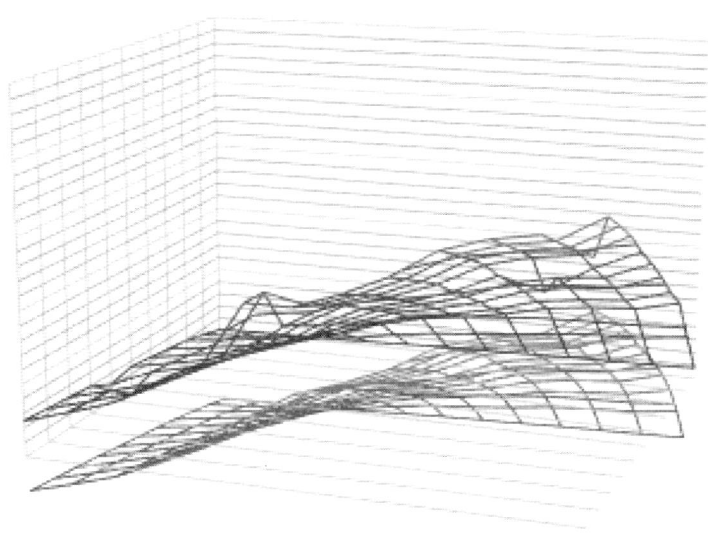

图 12-5　电网检修运维成本实际等效数据图像与函数图像对比

注：上图中蓝色图像为实际数据模拟图像，橙色为函数模拟图像。

由图12-5可以看出，经过历史数据回归计算得到参数，个别不平滑区域，实际数据与函数计算结果基本一致。

4.进一步优化等效矩阵模型

构建等效矩阵函数公式后，通过函数公式计算结果对原有的等效矩阵进一步优化完善。以M电网公司为例，在形成的1225个数据矩阵中，有83个数据与函数计算结果相差较大。通过核实发现，差异主要集中于110kV变压器与其他设备成本的等效关系（35项）、0.4kV与其他设备成本的等效关系数据（35项）、其他零星差异三个方面。采取现场调研、作业成本法重构等方式对差异数据进行深入核实，对三个方面差异数据分别进行以下处理：一是110kV变压器运维成本差异原因为，M电网公司110变压器数量极少，历史数据难以反映一般规律，经过收集其他电网公司数据对其修正。二是0.4kV线路运维成本差异原因为，由于设备特殊性，不符合函数规律，由于历史数据积累较为完善，等效数据应以实际数据计算结果为准。三是其他零星差异分别按照上述原则逐项分析修正。优化后电网检修运维成本等效矩阵模型更加精确。

（二）模型应用

1.作为电网企业成本定额制定依据

建立电网检修运维成本等效矩阵模型后，对电网企业检修运维标准成本定额制定具有较大参考价值。从回归分析情况来看，虽然各电网企业的函数参数因为地域、气候、管理水平的差异而不同，但基本上都遵循上述函数规律。各单位通过作业成本法、历史经验法等制定标准定额后，可以将等效矩阵作为校验工具，检验成本定额的合理性。另外，也可以集中精力制定某一类型设备的标准定额，其他电网设备定额通过等效矩阵模型数据计算得出。以M电网公司为例，依据等效矩阵制定的配网检修运维定额，如表12-3所示。

表 12–3 M电网公司部分电网设备检修运维定额

序号	基础动因	单位	定额			
			人工费	材料费	机械台班费	合计
1	110kV线路单元	元/千米	2500	1000	500	4600
2	66kV线路单元	元/千米	2300	800	400	4000
3	35kV线路单元	元/千米	1700	600	300	3000
4	10kV线路单元	元/千米	1500	400	200	2400
5	0.4kV线路单元	元/千米	1900	200	200	2500
6	110kV变压器单元	元/单元	18600	18500	4000	47300
7	66kV变压器单元	元/单元	16900	15400	3300	40900
8	35kV变压器单元	元/单元	12400	11500	2500	30400
9	10kV配变压器单元	元/单元	2100	1500	300	4500
10	110kV母线单元	元/单元	1200	1000	200	2800
11	66kV母线单元	元/单元	1100	800	200	2400
12	35kV母线单元	元/单元	800	600	100	1700
13	10kV母线单元	元/单元	400	200	100	800
14	110kV开关单元	元/单元	1400	800	200	2800
15	66kV开关单元	元/单元	1300	700	100	2400
16	35kV开关单元	元/单元	1000	500	100	1800
17	10kV开关单元	元/单元	400	200	100	800

注：上表中各项定额之间的比例关系符合等效矩阵计算结果。

2. 作为电网检修运维成本合理性管控的依据

通过将等效矩阵模型测算的各类设备检修运维成本的比例与各单位实际支出结构比较，可判断各单位成本结构的合理性，促使各单位电网检修运维成本结构不断趋于合理。

3. 作为成本监审双方共同遵循的标准

电网检修运维等效矩阵模型经过多轮验证后，可以作为监审双方共同遵循的评价成本合理性的基础性标准，各省公司虽然参数不同，但基本上遵循同样的函数规律，保证了监审尺度的一致性，减少了监审人员的主观影响，检修运维成本的监管导向可预见性增强，电网企业对成本管理的方向性更加清晰。

四、结论及展望

（一）结论

M电网公司实践证明，各电网设备的检修运维成本比例之间存在着稳定的、可测算的、可推广的一般性规律，借助等效矩阵模型工具可较为清晰地描绘这种规律，通过数据图像模拟和最小二乘法回归分析，可以建立更具有普适性的函数，作为电网设备检修运维成本管理的基础性依据。通过应用函数及模型，能够有效校验各单位电网检修运维成本标准定额的合理性。作为各类设备检修运维成本结构的参照性结构标准，可以衡量各所属单位电网设备检修运维成本支出的合理性和效益性。对于成本监审，可作为监审双方共同参照的测算标准及管理方向，这对提高各地评审尺度的一致性、进一步提升成本监审的精益化水平具有一定的意义。

（二）展望

M电网公司在构建电网检修运维成本等效矩阵模型并实施的过程中，存在的主要不足有两个方面：一是个别电压等级（如0.4kV）的电网设备检修运维成本与其他设备之间的比值关系较为特殊，难以用统一的函数关系直接描述。各单位在制定本单位等效矩阵时，对于此部分设备的等效比值要根据历史数据或其他方法单独核定。二是等效矩阵模型参数受到管理、地域等各方面因素影响，只在一定时期内是准确的，需要根据本单位实际情况定期迭代更新。

参考文献

[1] 付新华.分析移动互联网背景下的电力营销服务创新[J].科技创新导报，2019，16(08):226+228.

[2] 潘佳俊.探析移动互联网背景下电力营销的创新服务策略[J].通讯世界，2018(07):169-170.

[3] 陈颖臻.移动互联网背景下的电力营销服务创新[J].居舍，2018(16):148.

[4] 常明.基于移动互联网背景下的电力营销服务创新探究[J].信息通信，2016(09):145-146.